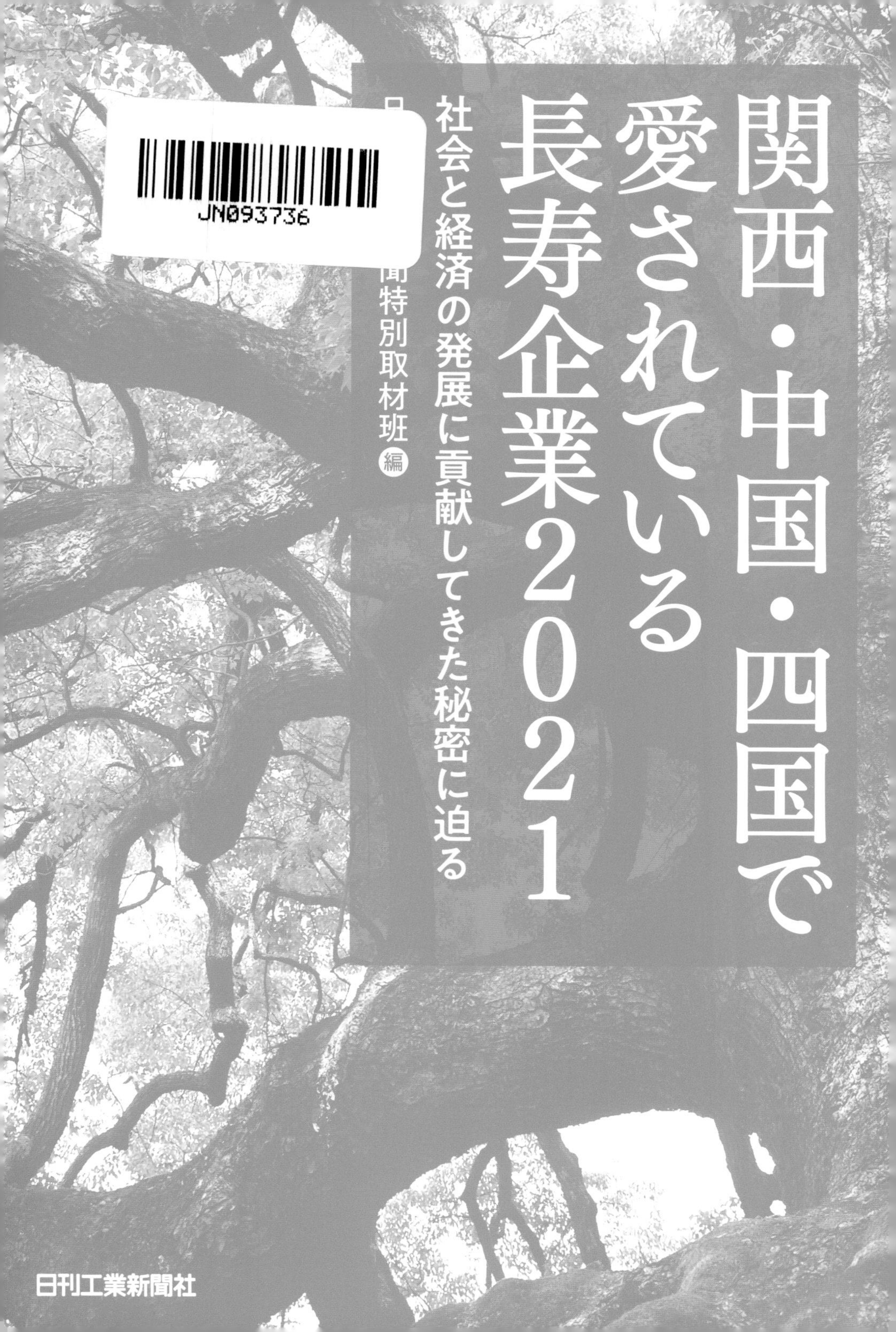

関西・中国・四国で愛されている長寿企業2021

社会と経済の発展に貢献してきた秘密に迫る

日[illegible]聞特別取材班 編

日刊工業新聞社

関西・中国・四国で愛されている長寿企業2021

社会と経済の発展に貢献してきた秘密に迫る

日刊工業新聞特別取材班 編

日刊工業新聞社

まえがき

『中国・四国・関西で愛されている長寿企業２０２１～社会と経済の発展に貢献してきた秘密に迫る～』の刊行を決定したのは、新型コロナウイルス感染症拡大が日に日に深刻さを増しつつあった２０２０年春のことでした。以降、緊急事態宣言が発令され、世の中は想定外の事態に陥り、かつての常識にあてはまらない生活スタイル、働き方が求められるようになりました。

人の動きが制限され、ほとんどの事業活動が停滞し、多くの企業の業績に悪影響を与えました。本書を巡る社内会議では「何もこんな時期に発行しなくても」「取材を受け入れてもらえる企業はあるのか」といった声が上がりました。それでも「こんな時期だからこそ」という考えが刊行を後押ししました。

取材対象は創業50年以上の長寿企業。これまで何度か長寿企業を書籍化した際には掲載条件を創業１００年以上や60年以上としていました。しかし、ＡＩ、ＩｏＴに代表される情報技術の進歩で、業界の垣根が取り払われ、産業、ビジネスが変化するサイクルはどんどん早くなっています。長くトップシェアを有していた商品がいつの間にか価値を失ってしまうということも少なくありません。また、今回の新型コロナ禍や毎年のように発生する大規模自然災害など経済情勢に大きな影響を与える事象も相次ぎ、企業の存続はかつてと比べて困難な時代を迎えています。それらを勘案して、過去に比べ短い創業50年以上というラインを設定しました。

それに加え、企業の多くが事業承継問題を抱えています。経営者が高齢化する一方、後継者が見つからず、廃業や企業売却を選択せざるを得ないケースも枚挙にいとまがありません。「企業30年寿命説」が唱えられてから30年以上が経過しましたが、企業規模によってデータに差があるとはいえ、企業の平均寿命はすでに30年を大幅に下回っています。

本書で紹介した創業50年以上の企業に共通する、いわば長寿の秘訣とは何なのでしょうか。もちろん解は1つではありません。確固たる経営理念、同族によるスムーズな事業承継、時代を超越した事業戦略など、本書の取材対象となった現経営者に話を聞いても答えは様々です。ただ、多くの企業に共通するのは、創業者の思いが何らかのかたちで現在も受け継がれているということでした。

創業者は20年、30年と長く経営にかかわるケースが多く、前述した企業30年寿命説に則ると、まず創業者から後継者にバトンを渡すことが長寿企業として存続する第一条件となります。半数以上の企業はそれが叶わず寿命を迎えることになります。事業承継までの間、企業存続するのにふさわしい創業者の経営手腕、経営哲学がなければ難しいでしょう。

さらに、創業者の思いが各世代の後継者へと着実に受け継がれていくかどうかが第2、第3の関門となります。後継者の経営手法も十人十色。その時代に応じた事業運営、構築が求められ、必ずしも創業者の経営手法を受け継ぐことが正解とはいえません。そのままの道を歩むにせよ、異なる道を選ぶにせよ、創業者の思いが選択の根底にあるような気がしてなりません。

本書では、掲載各社トップへの取材から、長寿企業として各界から長く愛されている所以を表現するよう心がけました。残念ながら全体の分析は断念することになりましたが、それぞれに独自の強みを持ち、革新を重ねながらも一本筋の通った思いを持つ長寿企業を集めたという自負があります。

これから起業を志す人、事業承継に悩む企業経営者、就職活動に臨む若者——。

先の見えない時代、こんなときだからこそ、様々な立場の人が、様々な目線から、本書を通じて一筋の光を見つけていただければ幸甚です。

2021年春

日刊工業新聞特別取材班

関西・中国・四国で愛されている長寿企業　目次

刊行にあたって・1

第1章　関西で愛されている長寿企業37社

001　大型低温重力波望遠鏡ＫＡＧＲＡが採用　株式会社旭プレシジョン・10
002　誠実を第一義とする総合建設会社　阿比野建設株式会社・14
003　蓄積された技術・開発力が独自性の源泉　株式会社井尾製作所・18
004　産業用電熱ヒーターを多品種小ロットで　泉電熱株式会社・22
005　高分子化学業界向け装置で業容拡大　株式会社市金工業社・26
006　ＭＤＲ式マテハンで革命起こす　伊東電機株式会社・30
007　化学処理によるガラス研磨で世界をリード　株式会社ＮＳＣ・34
008　独自のＢＢＳ哲学で〝自動化〟を支える　ＮＫＥ株式会社・38
009　ニーズに応じたゴム製品で産業に貢献　株式会社王寺ゴム製作所・42
010　高機能溶射で長寿命化、産業を支える　大阪ウェルディング工業株式会社・46
011　真空機器を総合的に扱う専業の老舗企業　株式会社大阪真空機器製作所・50
012　ステンレス製圧造部品の技術力で定評　大阪フォーミング株式会社・54
013　流体を無駄なく運ぶ配管設計・施工　株式会社岡元工業所・58

014 レーザー技術を核にニッチ市場でトップ 株式会社片岡製作所・62
015 精密機器を梱包・搬送、丁寧さを追求 鹿野産業株式会社・66
016 生産財のトータルサプライヤーへまい進 株式会社Ｋａｍｏｇａｗａ・70
017 顧客第一主義でフォーマーの進化をリード 株式会社阪村機械製作所・74
018 自由闊達な社風が生み出す機能性樹脂 サンユレック株式会社・78
019 世界の歯科医療の発展に技術で貢献 株式会社松風・82
020 プラスチック素材の「つなぐ」製品で存在感 ジョプラックス株式会社・86
021 半導体技術の発展に幅広いソリューションで寄与 株式会社ＳＣＲＥＥＮホールディングス・90
022 「与えよ さらば与えられん」の創業精神貫く 鈴木油脂工業株式会社・94
023 「人と和」を題目に街づくりの礎を担う 株式会社ソネック・98
024 1個でも受注ＯＫの鋳物部品を製造 辰巳工業株式会社・102
025 人に寄り添う小型車で、くらしを豊かに ダイハツ工業株式会社・106
026 技術と人をつなぐインターフェースの役割を追求 株式会社テクノツリー・110
027 粉粒体関連技術で未来を拓く技術者集団 東亜機械工業株式会社・114
028 インフラ整備を下支えする100年企業 日工株式会社・118
029 独自の異物除去装置で食の安心安全を守る 株式会社服部製作所・122
030 独自路線を貫く「ユーザー系商社」 阪和興業株式会社・126
031 流体・圧力制御の技術で存在感を発揮 株式会社日阪製作所・130

032 成長する抜型・刃型のプロ集団 株式会社菱屋・134
033 独自製品を多数擁するポンプメーカー 伏虎金属工業株式会社・138
034 半世紀にわたり流体移送のあらゆる課題に挑む 兵神装備株式会社・142
035 遠心分離機の専業メーカー 株式会社松本機械製作所・146
036 商社として日本の電機業界を下支え ミカサ商事株式会社・150
037 防爆機器の開発力で存在感放つ 株式会社宮木電機製作所・154

第2章　中国・四国で愛されている長寿企業10社

038 産業、社会インフラを支える検査・診断のプロ 株式会社ウィズソル・160
039 深孔加工のリーティングカンパニー 株式会社キョウエイ・164
040 香川県の溶接Ｓｈｏｋｕｎｉｎ集団 株式会社サンテック・168
041 創業から、四国の生活を明るくする 大豊産業株式会社・172
042 四国で活躍する総合ガスコーディネーター 高松帝酸株式会社・176
043 顧客ニーズに即したカスタマイズで高い信頼 株式会社滝澤鉄工所・180
044 ふりかけの美味しさを追求する老舗 田中食品株式会社・184
045 コンクリート製品を通じ社会課題に対応 株式会社ナガ・ツキ・188
046 防火耐火扉を中心に、社会へ貢献 日本フネン株式会社・192
047 精密歯車と減速機のエキスパート 株式会社明和工作所・196

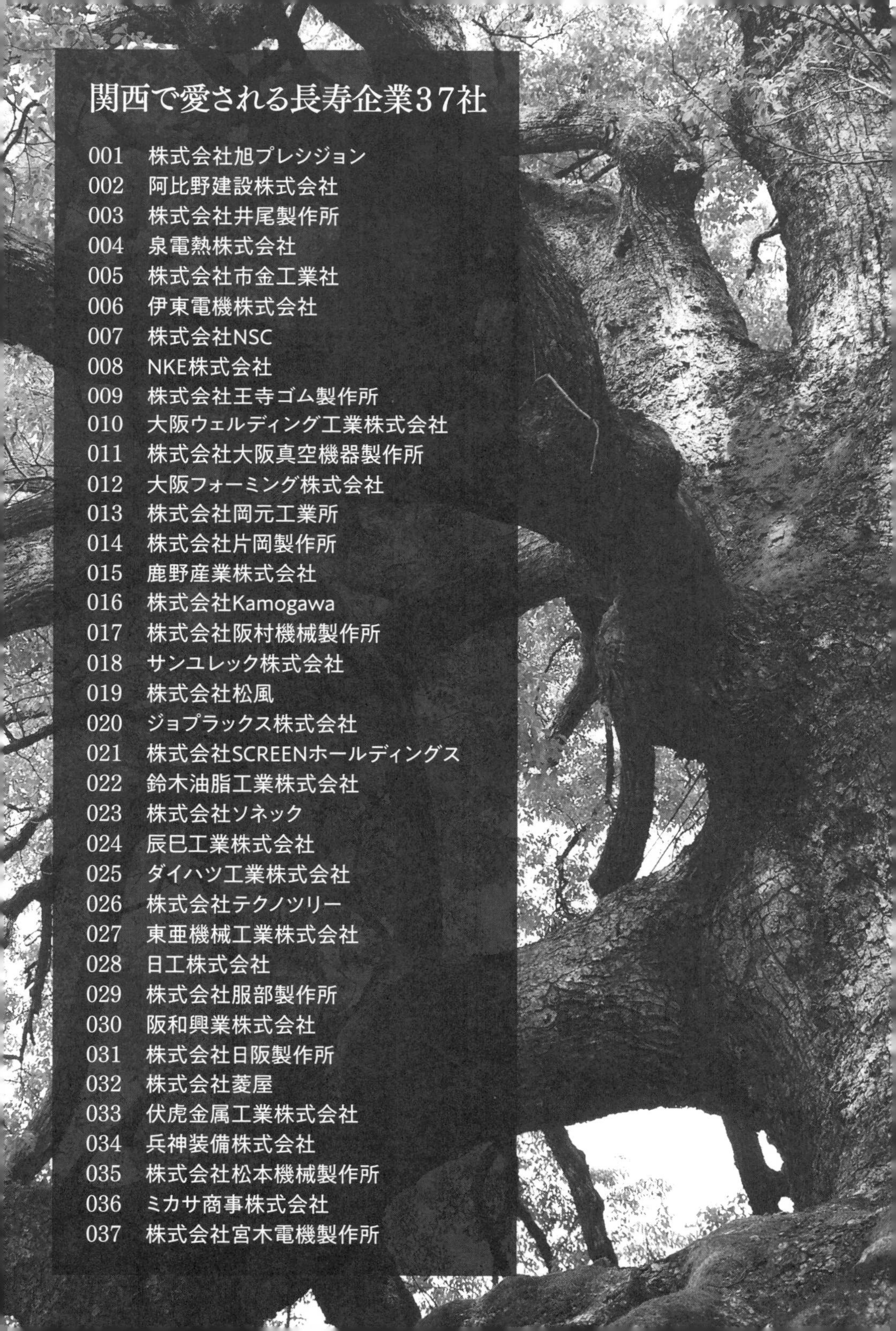

関西で愛される長寿企業37社

001　株式会社旭プレシジョン
002　阿比野建設株式会社
003　株式会社井尾製作所
004　泉電熱株式会社
005　株式会社市金工業社
006　伊東電機株式会社
007　株式会社NSC
008　NKE株式会社
009　株式会社王寺ゴム製作所
010　大阪ウェルディング工業株式会社
011　株式会社大阪真空機器製作所
012　大阪フォーミング株式会社
013　株式会社岡元工業所
014　株式会社片岡製作所
015　鹿野産業株式会社
016　株式会社Kamogawa
017　株式会社阪村機械製作所
018　サンユレック株式会社
019　株式会社松風
020　ジョプラックス株式会社
021　株式会社SCREENホールディングス
022　鈴木油脂工業株式会社
023　株式会社ソネック
024　辰巳工業株式会社
025　ダイハツ工業株式会社
026　株式会社テクノツリー
027　東亜機械工業株式会社
028　日工株式会社
029　株式会社服部製作所
030　阪和興業株式会社
031　株式会社日阪製作所
032　株式会社菱屋
033　伏虎金属工業株式会社
034　兵神装備株式会社
035　株式会社松本機械製作所
036　ミカサ商事株式会社
037　株式会社宮木電機製作所

001

大型低温重力波望遠鏡KAGRAが採用

オンリーワンのめっき・表面処理技術

株式会社旭プレシジョン

創業1948年

代表取締役社長
森口　修氏

「顧客の期待に応える仕事をする」をモットーにオンリーワンの表面処理技術を磨いてきた旭プレシジョン。高機能・高品質で、付加価値を高める技術開発を積み重ね、分析機器や半導体製造装置、食品製造機器をはじめとする多種多様な産業機器、環境対応の次世代自動車、宇宙研究など幅広い用途で活躍する。

宇宙からの重力波を観測できる大型低温重力波望遠鏡「ＫＡＧＲＡ（かぐら）」で採用された独自の濃黒色無電解めっき「ソルブラック」も、高い技術力を示す事例の1つ。ＫＡＧＲＡは世界で4台目、アジアでは初の重力波望遠鏡。２０２０年2月に東京大学宇宙線研究所と高エネルギー加速器研究機構、国立天文台などの研究グルー

写真1
大型低温重力波望遠鏡「KAGRA」のミラー懸架台は低磁性化させた特別仕様のソルブラックを施している
（東京大学宇宙線研究所／高エネルギー加速器研究機構提供）

プがＫＡＧＲＡによる観測を始めたが、内部部品にソルブラックは用いられている。ナノサイズの３次元凹凸構造による光閉じ込め効果で優れた光の吸収性能を実現し、可視光領域の光を平均98％吸収できる特徴を持つ。

◉顧客の期待に応える技術開発

２０２０年は産業機器向けでも斬新な新製品を投入した。食品工場の設備を止めることなく、現場での摺動性コーティング処理作業を可能にしたコーティング「テクノＮＡＣコート」だ。ペットボトル搬送や計量ホッパーなどの設備は従来、摺動性を高める表面処理について、生産ラインを止めてワーク（加工対象物）を外し、表面処理加工会社に持ち込み、数日かけて処理加工するのが一般的だった。工場の休みなどを利用するも、顧客からは設備を止めずに効率良く処理加工したい要望は多く、テクノＮＡＣコートはこの期待に応えるべく開発された。

現地でワーク部分を洗浄し、コーティング剤を吹きつけて乾燥すれば作業は完了で、加工時間は半日程度。摺動性能は従来の表面処理と同等で、耐久性は高く、表面処理設備のサイズ制約でこれまで

写真２　京都西工場（京都府向日市）の大型無電解めっきライン

困難だった大物ワークの処理も行える。

森口修社長は「最初は難しいと思ったが、発想の転換で何とかしようと実験を繰り返した。一品一様でワークに合わせて下地処理からカスタム対応。顧客の期待に応える技術開発ができた」と胸を張る。

◉独自性を打ち出す無電解めっき

旭プレシジョンは1948年創業で、現在は航空機部品の加工や表面処理、組立などを手がける旭金属工業と兄弟会社。大手分析機器メーカーからの分析機器の組立や加工依頼が急増した64年に、旭金属工業から旭金属精機（現旭プレシジョン）として分離独立。分析機器のほか、半導体製造装置の生産を請け負うなどで業容を広げる。

旭金属グループ内で航空機向け部品事業と、それ以外の事業で担当会社を分ける92年の事業再編のタイミングで、旭プレシジョンに社名を変更。航空機向け部品以外の事業を任され、旭金属工業が行っていた産業機器向け電気メッキや表面処理の事業も旭プレシジョンに移管された。

産業機器向けの電気めっきは安価なうえ、価格競争が厳しかった。オンリーワン技術の必要性を痛感し、独自性を打ち出せる無電解めっきの開発に着手。旭金属グループで培った航空機向けの優れためっき技術も応用した。

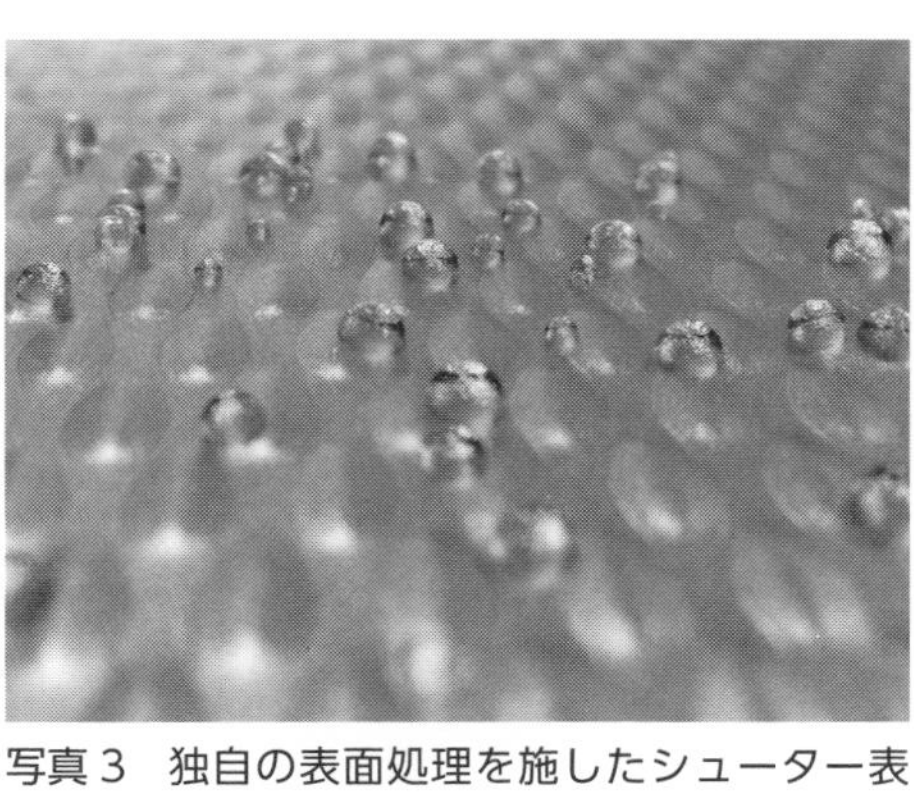

写真3　独自の表面処理を施したシューター表面で水滴が撥じいている様子。高い撥水性能と摺動性能が確認できる

写真4　黒色無電解めっきの比較（左からSUS、フォスブラックⅢ、ソルブラック）

Profile

森口修 *Osamu Moriguchi*

1968年鴨沂高等学校卒業。1970年旭金属精機（現旭プレシジョン）に入社し、営業畑を歩む。1990年代に当時の表面処理加工会社では珍しい展示会への出展を主導。顧客との接点づくりとニーズ把握、製品開発への迅速なフィードバックで期待に応える好循環を生み出す。2015年に社長就任。若手抜擢などによる組織・風土改革を進めている。

会社DATA

株式会社旭プレシジョン
〒617-00042
京都府向日市鶏冠井町十相30の5

創業
1948年

事業概要
めっき・表面処理加工、機械加工、産業機器の組立・調整

URL
https://www.akg.jp/puresijyon/index.htm

◉チャレンジする組織風土

オンリーワン製品の歴史は自社で手がけていた包装機器向けで、カップ麺に粉末スープを投入するシュート部分の滑りを良くするために開発した潤滑性表面処理が起点。展示会に出展すると高評価を獲得し、潤滑性表面処理「テクノフォス」は大手カップ麺や袋麺メーカー向けの生産設備で重宝され、包装機械のホッパーや食品機械の攪拌機、製薬機械のローラーはじめ多様な産業機械の部品でも採用が進む。表面処理はその後、非粘着性コーティング処理「テクノＮＳコート」、摺動性コーティング処理「テクノＮＡＣコート」などへと進化していく。一方、独自の黒色無電解めっきは競合他社品との比較で、紫外線への桁違いの高耐久性が評価された。大手半導体製造装置メーカーが２０００年に黒色無電解めっき「フォスブラック」を利用して世界の知るところとなり、ＫＡＧＲＡへのソルブラックの採用につながる。そのＫＡＧＲＡ効果もあって、引き合いが急増し、電装化が進む自動車のセンサー向けなどでも需要拡大を見込む。

価格競争から一線を画し、高付加価値な製品・技術がベースの差別化戦略で成長する旭プレシジョン。組織改革により全社員一丸でチャレンジする組織風土も醸成した森口社長は「企業はまず挑戦することが大事」と指摘する。

002

誠実を第一義とする総合建設会社

世のため人のため喜んでもらえる事業を

阿比野建設株式会社

設立1958年

代表取締役社長
阿比野　剛氏

阿比野建設は兵庫県姫路市を地場とした総合建設会社だ。日本製鉄瀬戸内事業所広畑地区（姫路市）の仕事を皮切りに、住宅や工場・倉庫、医療・福祉施設など様々な用途の建設事業を幅広く手がけている。設立62年を迎えた同社の経営理念は『誠実を第一義とし、技術の研鑽に努力する』であり、「小さな仕事でも大切にやってきたことでいまがある」と、2代目社長の阿比野剛氏が語る通り、こうした姿勢が取引先からの信頼を獲得し、創業以来の連続黒字経営につながっている。

◉裸一貫から信頼を得る

同社は兵庫県播磨地域で重厚長大産業の一角を担う日本製鉄との関

写真1　阿比野建設が手がけ2020年に竣工した共同住宅（兵庫県西宮市）

写真2　建築施工を担った「ホテルルートイン加西　北条の宿」（兵庫県加西市）

わりが深い。創業者で剛社長の父・阿比野善行氏は、富士製鐵（現・日本製鉄）柔道部からのスカウトを機に入社したという縁がある。練習中の怪我により人生を見つめ直し独立する。約5年間働いて得た80万円の資本金をもとに、1985年に阿比野建設を設立する。まさしく裸一貫からのスタートで、時にはどぶさらいも自ら引き受けたという。構内の工事を担当し、実績を積み重ねることで取引先の信頼を得た。いまでも協力企業として日本製鉄を支えている。製鉄業は施工請負が多く、景気の波に左右されやすい。そこで、70年代の石油危機以後は、「仕事をいただくだけではダメだ」と民間向け事業も増やすべく舵を切った。いまでは戸建てやマンションの分譲、高齢者施設、ビジネスホテル、工場・物流センターの建設、国道のトンネル工事など土木・建築・住宅・不動産賃貸と事業の多角化に成功している。

会社が成長できた要因の1つに、阿比野剛社長のもう1つの経営理念である「常に前進の気概を堅持し、積極的な事業展開を図る」をあげる。その代表例が「NSスーパーフレーム工法」。剛社長が就任した2000年に始めた同工法は、事前に工場でパネル製作することで納期やコストを抑えられ、かつ建築現場で働く社員の安全にも寄与するのが特徴。高い耐震性や耐火性が評判を呼び、地道な提案営業の成

写真3　創業60周年記念で社員家族を招いた家族感謝祭（2018年）

果もあって社宅や社員寮、福祉施設、事務所などで多くの実績を上げている。いまでは同社の全体売上高約１００億円のうち5分の1を占めるまで成長している。同フレームの認定工場は姫路と大分にあり、関西以西で事業展開してきた。近年は首都圏や中京圏でも実績を積み重ね、さらなる事業拡大が見込まれている。

◉新分野に踏み込める土壌

会社の自己資本比率が6割を超えている点も同社の強みとなっている。多種多用な取引先からの信頼は厚く、「安心してお付き合いいただけていることは会長が残してくれた一番の資産です」。阿比野社長はこう感謝する。ただ、これもコツコツと仕事を積み重ねてきた前提があってのこと。どんな小さなことでも手を抜かない思いは、職場環境の改善や女性社員の登用にも表れている。建設業では珍しく、女性社員が多く活躍しており、約２５０人いる社員のうち女性が1割以上を占める。しかも、3分の2が現場や設計といった技術職だ。女性登用を進める動きが評価され、２０１３年には兵庫県の「ひょうご仕事と生活のバランス企業表彰」を受賞した。

今後の建設業は、さらなる拡大が見込まれている。国土強靱化計画

写真４　2018 年に完成した新本社外観

に沿った施策の実行や、多発するゲリラ豪雨や大型台風などの災害復興対策としての公共工事に加え、民間住宅への投資、老朽化したインフラの整備や更新工事、リニア新幹線、2025年の大阪・関西万博を控えるからだ。さらには、新型コロナウイルス感染症拡大に伴う外出制限の影響でネット通販が拡大し、同社としても大型物流施設の案件が進展しているという。こうした追い風を受けつつも、阿比野社長は「みんなが楽しみながら、やりがいを持って取り組める会社」を前提に事業拡大を目指している。その一例として10年前に始めた、取引先からの顧客満足度アンケートがある。社員の頑張りが客観的にわかるようにし、その評価を社員に伝えることで「気づきの場になる」(阿比野社長)。この評価により毎年、高評価だった社員に対する表彰制度もある。また、年4回発行する社内報では、遠隔地で活躍する社員の近況や、産休中の社員による赤ちゃんの成長記録も紹介している。社員の家族にも見てもらいたい想いから、このような構成としており、「社員も自分の人生を経営者として充実した人生を送ってもらうためにもその思いを伝えたい」。阿比野社長はこう続ける。

設立から60年以上ぶれずに続けてきた『誠実を第一義とし、技術の研鑽に努力する』の経営理念のもと、阿比野建設は、社員とその家族、取引先、地域からも喜ばれる総合建設会社としてまい進していく。

Profile

阿比野剛 *Abino Tsuyoshi*

兵庫県姫路市出身。1977年に入社し現場監督見習いからスタート。89年に常務就任後、阿比野善行社長（現会長）と二人三脚で営業活動に奔走する。2000年には社長就任し、現在に至る。常務時代から複数の異業種交流会に参加しており、そこで築いた人脈が仕事につながったこともある。

会社DATA

阿比野建設株式会社
〒671-1116
兵庫県姫路市広畑区正門通4丁目3-3

設立
1958年

事業概要
総合建設業

URL
http://www.abino.co.jp

003

蓄積された技術・開発力が独自性の源泉

頼まれた困り事は何とかするをモットーに

株式会社井尾製作所

創業 1919 年

代表取締役社長
井尾　賢司 氏

井尾製作所は1919年、井尾賢司社長の曽祖父で、打物師（飾り職人）として評判の高かった豊紫（とよじ）氏が井尾真美堂として創業、2019年に100周年を迎えた。菓子器などで培った金属加工技術を生かし、第二次世界大戦中の軍需品生産の下請けの時代を挟み、戦前、戦後の銅管端子や接触子などを皮切りに、現在は精密機械器具の製造が主力。『頼まれた困り事は何とかする』をモットーに、日々、技術・開発力、独自性の追求に余念がない。

◉飾り職人から金属加工へ転換

飾り職人だった豊紫氏だが、菓子器は贅沢品で戦争が激化すると売れなくなった。ただ、金属加工技術には定評があり、知人から日新電機の仕事をすれ

写真 1　京都市にある本社外観

ばというアドバイスを受け事業転換した。1941年には井尾製作所に改称。第二次大戦中は軍需品生産の下請けに専念したが、終戦後は戦後復興の流れに乗り、戦前から取引のあった日新電機のほか三菱重工業の仕事にも携わる。その頃は2代目の井尾正行社長の時代で、法人組織への改組は1965年。その後、70年に3代目社長となる井尾勉氏が入社、同氏が島津製作所との取引を開拓、業容を拡大していった。

当時の本社は京都市東山区にあり、アクセスに恵まれなかった影響もあってか仕事を選ぶことができなかった。ただ、高度化設備の必要性から、横型マシニングセンターやワイヤ放電加工機を導入。業容拡大と設備投資時期が重なる。2000年にISO9000を取得、2003年には丹波工場（現京丹波工場）を開設、06年に本社を現在の同市右京区に移転、体制が整備された。

井尾社長は2002年に入社。京都大学大学院修了後、住友電気工業の横浜事業所で光通信関係の生産技術を担当。井尾製作所を継ぐつもりはなく、就職の際に周囲の反対もなかったが、強引に引き戻された。きっかけは、勉氏の経営者仲間から「君はいつ戻るのか。住友電気工業への入社は戻って会社を継ぐ前提だろう」のひと言だった。そのとき、日新電機が住友電気工業の子会社と知り「就職の際に反対されなかった要因がわかった」（井尾社長）という。井尾製作所では専務取締役兼営業課長として業務にあたり、08年に社長に就任し

写真 2　立型マシニングセンターなどを用いて高精度な加工を行う（右）、写真左は加工サンプル

た。

その頃はまだ職人的な社員が多く、仕事をさせたら他の追随を許さないがコミュニケーション能力などに若干の弱さが感じられた。場所柄に加え取引は後発ということもあり仕事は選べなかったが、結果的にそれが技術・技能を磨くことにつながったからおもしろい。来る仕事はこなす。ノウハウが蓄積される。日々の業務がまさにトレーニング。結果が出るにつれ顧客の間でも頼めば困り事を何とかしてもらえるという雰囲気が生まれ、現在の基礎が築かれた。1980年代から2000年代の頃だ。

ノウハウの蓄積を生かすことが基本だが井尾社長は「技術的なノウハウは大したことはない」としたうえで、「面倒くさいことにも前向きに取り組むという感じだ」と振り返る。数をこなすうちに手が覚え、井尾社長の同年代やそれより若い年代にも仕事が回り、自然発生的に技能伝承や技術力向上のスキームが作られ、特殊仕様に対応する技術の独自性が培われていく。

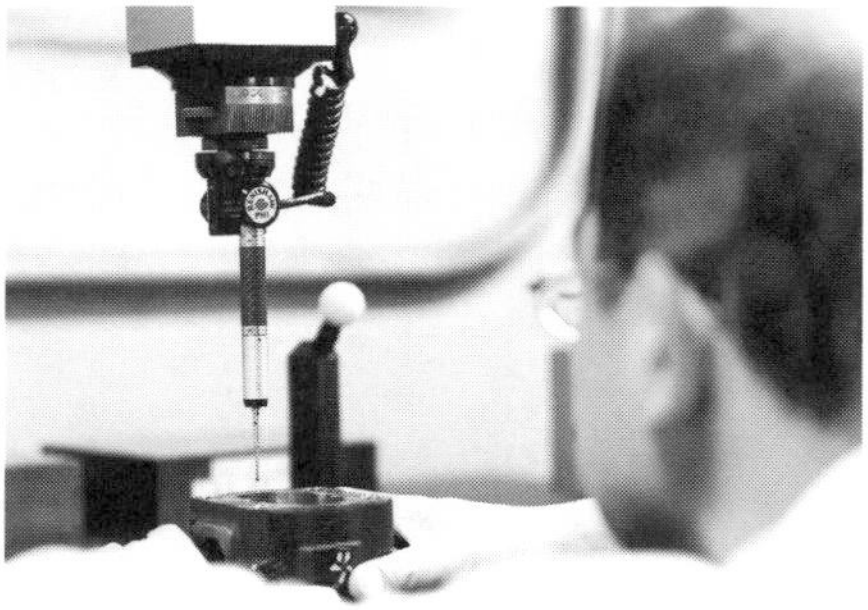

写真3　3次元測定器による計測で高精度を担保している

面倒くさくても物理的な理由以外では仕事を断らないスタンスは、井尾勉氏の「面倒くさいからやらないは井尾のポリシーではない」という言葉がバックボーン。断れば次はない。やりたくてもできないことと、やればできるのにやらないという2つの選択肢の次元はまったく異なる、という井尾社長の考えとも一致し、ともかく形にすると表明する。結果的に求められる最終形にならないかもしれないが、そこまでの精度が必要か、この方がつくりやすいのではないか、といった、交渉も並行し、顧客と一緒になって実現化する。それが信頼やリピートになり、経営のベースにもなっている。ここでは、自社の技術力や対応力を知ったうえでのコミュニケーション能力を重要視する。事前のきめ細かなやり取り、それに対応するメニューを持ち、装備もある。これらが三位一体となっているからで、それが企業ポリシーとなっているのは強みだ。

◉品質は信頼の証を発展・成長の強みへ

同社の企業理念は井尾勉氏が掲げた「品質は信頼の証」。寸法通り形になっていることを示す。それができる、できていることを顧客は見ている。それが次につながり、助けられることも増える。それだけに井尾社長は「企業の発展・成長への強みにしなければ」と強調する。「技術力や開発力には自信が必要で、社員にもどういう行動をするか、何をしなければならないかを自ら考え、それにつながる仕事への取り組みが大切」と説く。

今後は、生産性や生産効率向上を追求する。顧客が求めるものに到達するプロセスをいかに高めるかで、いま、その段階にある。これには人材の育成・確保も欠かせない。古い人が抜けると新しい人が入る。そのカバー体制づくりにも注力する。「こうしたことにこだわる1年にしたい」(同)。その成果が将来の成長・発展への試金石になる。

Profile

井尾賢司 *Io Kenji*

1997年、京都大学大学院工学研究科修了、同年住友電気工業に入社。2002年、井尾製作所に入社し、専務取締役兼営業課長就任。2008年に社長に就任し、現在に至る。

会社DATA

株式会社 井尾製作所
〒615-0081
京都市右京区山ノ内養老町8-13

創業
1919年（設立：1965年）

事業概要
精密機械器具製造

URL
http://www.io-ss.co.jp

004

産業用電熱ヒーターを多品種小ロットで

品質にこだわり信頼性で差別化

泉電熱株式会社

設立 1971 年

代表取締役
城之園　竜介 氏

産業用電熱ヒーター専業メーカーの泉電熱。厨房機器や冷凍ショーケース、工場設備などの内部に組み込まれ、人の目に触れることは少ないが、日常生活や生産・加工現場で不可欠な熱を生み出す重要部品をつくり、社会を支えている。組み込む機器によって大きさや形状が異なる産業用ヒーターは、ほとんどが一品一様。そのモノづくりの手間は、同社にとって難しさでもあり、強みでもある。

◉数年後の不具合の有無に差

泉電熱が創業したのは１９７１年。当時は、国内で50年代から始まった家電普及の裾野が一段と広がり、家電用の電熱ヒーターも大

写真１　主力となるシーズヒーター
長期使用においても優れた耐久性を誇る

きな市場となっていた。しかし、泉電熱はマーケット規模を追わず、産業用電熱ヒーターに特化して生産を開始。この判断が将来の明暗を分けることとなる。家電向けの電熱ヒーターは後に大手家電メーカー各社の海外生産移転によって国内市場が急速に縮小。一方で、多品種小ロットの産業用電熱ヒーターは、設計の手間や生産対応の難しさから国内に残り、電熱の多用途化の時代を経て同社は顧客を拡大した。城之園社長は「創業時、家電用の量産品を選んでいたら、いまこの会社はなかったかもしれない」と語る。

多用途化した産業用電熱ヒーターで最も一般生活において馴染み深いのは、学校の給食センターや病院の厨房機器や、スーパー・コンビニエンスストアなどの冷凍ショーケース内部の霜取り用途があげられる。いずれも不具合が起これば日常生活に支障をきたすものだ。また、各種工場の生産プロセスに使われる熱源としても活躍している。例えば、プラスチックを成形する金型の温調機。軽量で安価なプラスチックが普及した現代社会は、成形する機械や電熱ヒーターなど内部の部品が正確に熱を生み出すことで成り立っている。

泉電熱が手がける電熱ヒーターの種類は、城之園社長でさえ「いまや数え切れない」という。しかし、顧客や生産種が増え続けた歴

写真２　各工程におけるノウハウとこだわりが強みとなっている

史が、変種変量生産に対応できる現場づくりや、生産管理システムの早期導入に結びつき、今の業界での確固たる地位を築いたのは間違いない。

◉ニッチを突きつめた強み

泉電熱は一品一様の産業用電熱ヒーターにおいて、仕様や設計、生産計画の変更に柔軟に対応することで顧客を開拓してきた。また品質管理の高さによる信頼が、顧客との長い関係を継続する要となっている。近年は、安価な海外製ヒーターも国内で流通しつつあるが「初期性能では変わらなくても不具合が数年後に現れることもあり、顧客はわれわれを選んでくれている」と自負し、品質に重きを置く。

同社の主力はシーズヒーター。基本構成要素は、金属パイプと内部に入れる発熱体であるニクロム線。そして、ニクロム線とパイプ内径の間に封入する高絶縁粉末だ。構成要素がシンプルであるがゆえに性能での差別化は難しい。しかし、封入した高絶縁粉末の空気泡を抜くための金属パイプ減径圧縮や、わずかな水分を飛ばす乾燥、フランジへの溶接など各種工程におけるノウハウとこだわりは、長

写真3　品質管理の高さで顧客との信頼関係を構築している

期使用に耐え得るかで差が出る。城之園社長は「手間がかかり、相当の設備も必要。このため後発メーカーは今後も出現する可能性はきわめて低い」とし、ニッチを突きつめた強みと、供給責任の重みを胸に「社会に必要とされる企業であり続ける」ことを誓う。

◉競合他社が追いつけない領域へ

新型コロナウイルスが世界で猛威を振るった2020年、同社は創業50周年を迎えた。「泉電熱の強みは多品種小ロットだが、適正利益が出る案件に変えるには、超小ロットや超短納期に対応できる生産体制構築や効率化が不可欠。それと同時に、交渉する営業力も必要となる。同社はすでに多能工化に着手し、より柔軟な生産ができる体制に向けて動き出した。今後は、かねて導入していた生産管理システムの活用の幅を広げ、生産改革を進めていく方針だ。「よりニッチな方へいけば、より強くなることができる」といい切る城之園社長。競合他社が追いつくことのできない域を目指そうとしているトップの姿勢に同社の未来を感じた。

Profile

泉電熱 *Izumi Dennetsu*

より多品種小ロットを極めるために、生産管理システム活用の進化や、現場の多能工化を進めている。強みである品質の高さと技術革新によって、時代の先端をいく製品と安心を提供し、産業界への貢献を目指す。

会社DATA

泉電熱株式会社
〒564-0052
大阪府吹田市広芝町6-9

設立
1971年

事業概要
産業用電熱ヒーター製造販売

URL
https://www.izd.co.jp/

005

高分子化学業界向け装置で業容拡大

“社是の精神”を大きな支えに

株式会社市金工業社

創業 1936 年

代表取締役社長
川口　剛史 氏

1936年に機械工具商として産声を上げた市金工業社。その後、繊維機械に取り組み、現在は高分子化学業界向けの装置を主力とする。この間、会社存亡の危機も経験したが、液晶テレビの偏光板フィルム製造装置で復活を果たし、最近ではリチウムイオン電池のセパレーターフィルム製造装置などまで業容を拡大する。ここに至るには、川口剛史社長の祖父で創業者の川口文志郎氏が残した社是の精神が大きな支えになっている。

◉復活の歩みは偏光板フィルム

市金工業社が繊維機械に携わったのは第二次世界大戦後。繊維機

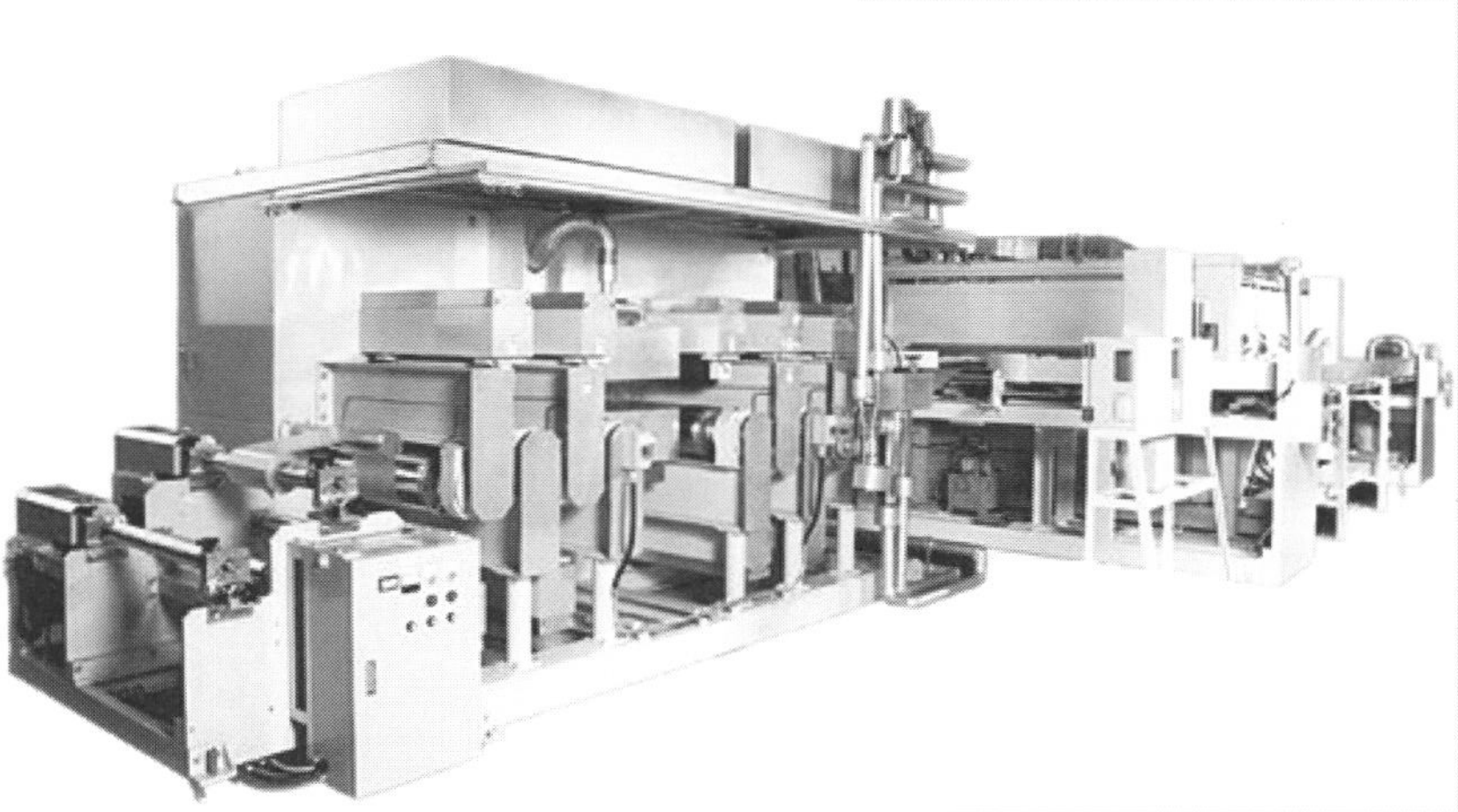

写真 1　FPD 材料やバッテリー素材、自動車部品など様々な業界に製品を供給している。写真はフィルム延伸装置

械のうち生地を乾燥炉に入れ生地幅を安定させるテンターが主力製品。当時、ターゲットを化学繊維にしてファーマテックス社（当時・西ドイツ）と技術提携し転換を図った。その後、繊維産業の衰退から繊維機械の売上が激減。約10年近く赤字経営が続き、会社存続のためリストラも経験。余裕など全くなく仕事は断らず何でも引き受けた時代でもあった。

その中で、化学繊維向けの装置を製作していたことで大手化学メーカーとの繋がりがあったことが幸いした。ある化学メーカーが液晶テレビの偏光板フィルム製造事業の立ち上げを計画した際、装置開発の依頼が舞い込む。「知見や経験はなかったが、何とか機械を納品した」（川口社長）結果、事業が立ち上がり評価を受けた。同社復活の歩みはここから始まる。

会社が存続していたからこそであり、「大きなエポックメイキングで、運も良かった」と川口社長は振り返る。これを足がかりに、最近ではリチウムイオン電池に使われるセパレーターフィルムの製造装置にも取り組む。このきっかけも仕事がない時代に何でも引き受けていたことが幸いし、「気づいたらそういう流れになっていた」と、川口社長はここでも運や巡り合わせを強調する。

写真２　コーティング液処理装置も多様な分野に供給している

◉仕事を断らないことは感謝の証

その背景にあるのは、仕事は断らず、仕事をもらった顧客を裏切らないこと。装置の評価が高まれば取り引き希望は相次ぐが、「既存のお客様との関係で仕事をお断りすることもある」（同）という。従来からの顧客に迷惑をかけたくない一心からだ。だから川口社長は「なかなか売上は伸ばせない」と苦笑するが、顧客と一対一での取り組みが技術の独自性につながり、難題の解決が顧客と自社の成長を促す。

それだけに人材育成を重要視する。ただ、入社時点で要求レベルに叶う人材確保が難しいだけに、装置の取り付け指導に加え、試運転にも同行させるなどＯＪＴで鍛える。現場で目の当たりにすることが「次の設計にも生かせるはず」（同）と捉える。設計が顧客の要望を反映するキーポイントになるからだ。

１９９４年に設立したテクニカルセンター（市金テクニカル）の存在も大きい。同センターにある自社製作のテスト装置を使って顧客が実作業を行い、結果を見極めてもらう。そして商業化への転換や部材改良による事業成立の検討などにも使ってもらう。しかし、すべてのテストが装置の受注につながりはしない。川口社長は「どこで芽が出るか分からないので継続しなければならない」としたうえで「顧客と当社がＷｉｎ－Ｗｉｎのビジネスモデルが構築できれば」と考える。ここでも根底にあるのは「断らないこと。それは感謝の証であり、忘れてはいけない」（同）

写真３　滋賀県草津の本社・工場外観。工場はクリーンルーム仕様となっている

からだ。ただ、いまは機能しているが、今後も続くと思ってはいけないと先を見すえた展開も模索する。

◉既存技術の熟成が次の資産に

川口社長は大学卒業後、市金工業社ではなく、父である川口裕史会長が京都に創業した別会社「日本ジョイント」に入社。現在は社長を兼任する。44歳で市金工業社の専務に就き、２０１１年に社長に就任したときにはまだ創業者を知る社員も残っており、さらに厳しい時代を乗り越え成長路線に乗せた川口会長のカリスマ性の大きさを痛感し、社長就任の際のよりどころを探していた。そのときに川口文志郎氏が残した社是と巡り合う。内容はごく当たり前のことだが、決して忘れてはいけないことばかりで、いまでも十分通用する。昭和初期にこうした思いを盛り込んだ素晴らしさに感動し、全社員に配布した。この考え方を今後も踏襲するという決意の表れでもあった。

紆余曲折を経て事業の柱は構築されたが、現状に安住してはいけないという思いは強く、いまある技術、得意分野の熟成がカギと見る。新しい物を追い求めながら既存技術を円熟、深掘りし、次に継承できる資産として残す。そのための投資を含め、時代の流れから取り残されないよう備えは怠らないが、足元を固めながら進めることを肝に銘じる。

Profile

川口剛史 *Kawaguchi Takeshi*

1988年、立命館大学産社卒、同年、日本ジョイント入社。1991年、市金工業社監査役就任、2009年に市金工業社入社し、専務取締役就任。2011年に社長に就任し現在に至る。

会社DATA

株式会社市金工業社
〒525-0027
滋賀県草津市野村4-3-10

創業
1936年（設立：1954年）

事業概要
高分子化学工業用機械の製造販売

URL
http://www.ichikin.co.jp

006

MDR式 マテハンで 革命起こす

世のため人のためになる モノづくりへまい進

伊東電機株式会社

創業1946年

代表取締役社長
伊東　徹弥 氏

伊東電機は、物流センターや工場で活躍するコンベヤー駆動用モーターローラー「パワーモーラ（ＭＤＲ）」と、それを応用した自動化設備の開発を手がける搬送システム機器メーカーだ。２０２１年２月に創業75周年を迎えた。この間、開発した主力製品・ＭＤＲの世界シェアは50％を誇り、米国や欧州、アジアにも拡販している。

世界はいま新型コロナウイルスの影響を受けている。これに伴う感染防止の〝巣ごもり需要〟で例年以上にマテハン市場のニーズが大幅に広がり、省人化や自動化の需要が拡大。物流センターや工場における作業者の『密』を回避し、ソーシャルディスタンスを確保するソリューションとして国内外から注文が相次いでいる。創業者

写真１　イトウ電機工業所として創業した当時の様子

がモーター技術を蓄積し、2代目が自社製品を開発したのを受け、3代目の伊東徹弥社長は「MDRのファンをさらに増やす」のが自らの使命と力を込める。

◉絶え間なき技術開発

1946年、創業者の伊東市郎氏が現在の兵庫県加西市でイトウ電機工業所を創業したのがはじまり。加西は三洋電機発祥の地で、同社北条工場の協力工場としてモーター製造設備を製作していた。その後を継いだ2代目の伊東一夫会長が、設備改良を通じて顧客の生産効率が高まることに喜びを感じ、改良を繰り返す。この経験が経営理念「世のため人のためになるモノづくり」の土台となった。

社業は順調に伸びたが70年代の石油危機で三洋電機からの受注はストップ。脱下請けを目指し「自社製品を」（伊東会長）と開発したのがモーターローラーだった。これは円筒状のローラーでモーターと減速機構を内蔵しており、ローラーに載せた荷物自体がコロの原理で動くため、少ない搬送エネルギーで運ぶことができる。家電メーカーのビデオ生産ラインに採用され、市場が広がった。

その後、DC24Vブラシレスモーター搭載のきめ細かな制御がで

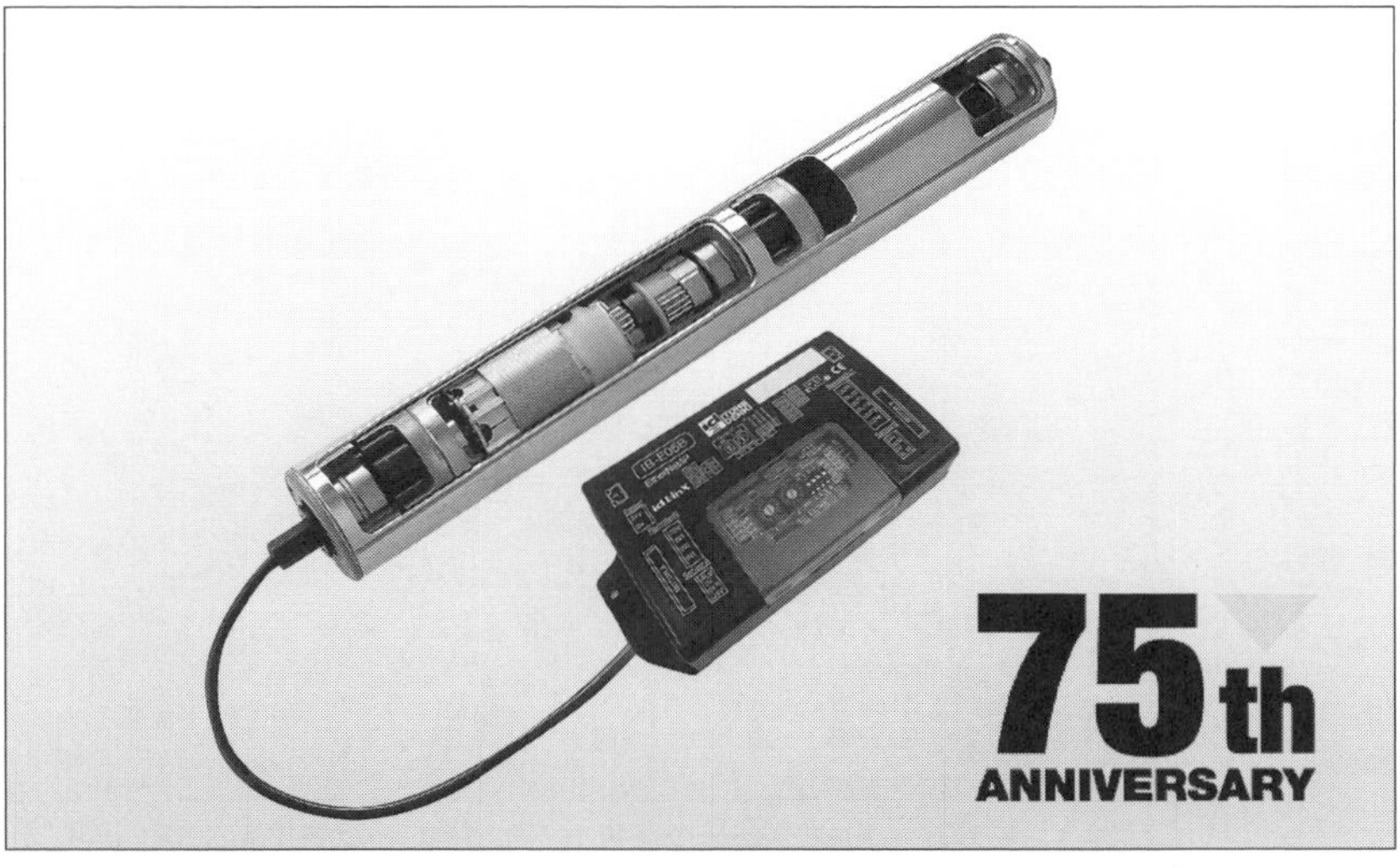

写真2　主力製品・MDRとコントローラ。MDRの世界シェアは50%を誇る

きるＭＤＲを開発。「最初の10年はまったく売れなかった」と伊東会長は振り返るが、98年に粘り強く先方の要望に合うスペックをクリアし、米国郵便公社での大口受注を掴んだことにより、以後、伊東電機の名は広く知られるようになる。その後も開発を継続し、２０１６年にＭＤＲ式マテハンソリューションの「ｉｄ－ＰＡＣ」の発売に至る。「運ぶ」「仕分ける」などの機能ごとにＭＤＲを駆動源としたモジュールをブロックのように組み合わせて1つのコンベヤーを構築できる。各モジュールには制御プログラムが搭載されており、誰でも簡単にコンベヤーシステムが構築できる。コンベヤーの増設やレイアウト変更も容易で、人手不足・技術者不足を解消するソリューションとなっている。また、こうした利点から小規模でのシステム導入が可能で、設備投資を抑えつつ運用できるのもｉｄ－ＰＡＣの強みだ。

◉地元への恩返し

ＭＤＲが活躍する分野は物流センターや工場だけにとどまらない。

ＭＤＲとソフトウエア技術を活用して千葉・幕張新都心の地下空間に植物工場を開設した。野菜をトレーの中で育て、光や養液、湿度、温度を全自動で管理し、植物の成長に合わせてトレーごと動き、地下から地上に野菜を運ぶ。人を極力介さない工場を実現している。わが国では農業従事者の減少や高齢化により耕作放棄地が増え、過疎化が進展してい

写真３　モジュールプラットフォーム「id PAC」は各方面で高い評価を受けている

る。省力化システムで野菜を育てる伊東電機の取り組みは自治体からも注目を集めており、２０１７年に経済産業省より「地域未来牽引企業」に選出され、19年には兵庫県と「地域創生の連携協定」を締結。県内２カ所で植物工場を建設し、工場内で県が新種開発したイチゴを栽培する計画となっている。ほかにもＭＤＲを医療・介護分野にも使えると見て、事業化に向け検討を重ねている。地域貢献への思いは製品だけにとどまらない。地元加西市では30年以上にわたり少年野球大会を主催。地域に育てられたことへの「恩返し」という想いがあるからだ。また、伊東社長は「世のため人のためになるモノづくり」を目指し、人材育成に力を注ぐ。その一例として、新たな発想を引き出す試みがある。休日に有志の社員を募り、自社山荘（同朝来市）でのログハウスづくりや野球グランドづくりを行っている。本業とは無縁の取り組みに映るが、新たな発想を引き出す狙いで「時代の先を見た開発を進める」方針だ。

長年、伊東会長の目指す「世界で一番のモノづくり」を続けてきた伊東電機。今年、75周年を迎えたが、「通過点にすぎない」と言い切る伊東社長。引き続き、ハードウエアとソフトウエア技術の融合、ＩＣＴ技術などを駆使し、伊東電機にしかできない新たな製品開発をし続け、「物流・生産業界の新様式『ＭＤＲ式マテハン』でパラダイムシフトを起こす」（伊東社長）決意だ。

Profile

伊東徹弥 *Itoh Tetsuya*

兵庫県加西市出身。1997 年大学卒業後、同年米国にある ITOH DENKI USA Inc. に入社。約 5 年間にわたり現地での工場立ち上げを工場長として経験したのち 2002 年、伊東電機に入社。父・一夫氏のもと、生産現場や開発・営業で経験を積み、2019 年から社長を務める。

会社 DATA

伊東電機株式会社
〒 679-0105
兵庫県加西市朝妻町 1146-2

創業

1946 年

事業概要

パワーモーラ（コンベヤー用モーターローラー）、制御機器、モジュールシステムなど搬送関連機器の開発・製造・販売・設置、植物工場設備の開発・製造・販売・設置。グローバルニッチトップ企業に認定

URL

https://www.itohdenki.co.jp

007

化学処理によるガラス研磨で世界をリード

液晶産業の発展を陰で支えた技術

株式会社 NSC

創業 1971 年

代表取締役会長
西山 榮氏

ＮＳＣは、液晶ディスプレイのガラス基板を超薄型化するケミカル研磨加工事業を主力とする。その技術はモバイルディスプレイを軽量化しつつ強靭化を実現して、２００２年以来シャープや東芝松下ディスプレイテクノロジー（ＴＭＤ、現ジャパンディスプレー（ＪＤＩ）の前身の１社）などに採用され、日本の液晶産業を下支えしてきた。ＴＭＤは２００４年のフラットパネルディスプレイ製造技術展で、ＮＳＣが開発した世界初のケミカル研磨技術を用いた超薄型液晶ディスプレイにより世界のグランプリを獲得した。ＮＳＣ技術のコアとなるのはフッ化水素酸を使った化学的表面処理で、主力のガラス基板ケミカル研磨加工に続き、いずれも世界初の開発技術

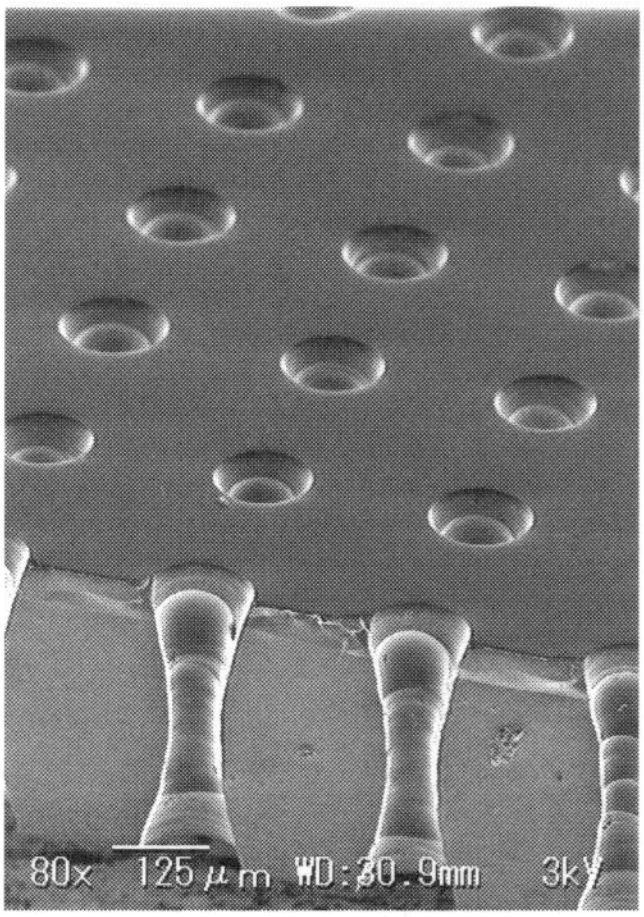

写真２　ガラス貫通基板における精密穴あけ加工

写真１　西山ステンレスケミカルとして創業した頃の社屋

である超微細ＴＧＶ加工、黒鉛超高純度化加工、中間廃液処理・廃液混合調製処理などで、時代要請に合わせた新しい社会貢献を模索し続けており、２０２０年12月には経済産業省の「地域未来牽引企業」に選定されている。

◉独自開発の表面処理技術で多業種に提案

創業者の西山榮会長は１９５０年代後半には商社勤務していたが、１９６４年に27歳で独立して富士商会を設立。高度成長の波に乗って街中に次々と建設されるビルや、各地域で指定された新産業都市に建設される巨大なコンビナート群にステンレス鋼が採用されているのを見て、その市場性を確信。ステンレス鋼の表面処理剤「ＳＵＳクリーン」の開発・製造・販売を手がける西山ステンレスケミカル（現ＮＳＣ）を１９７１年に設立。西山会長はフッ化水素酸と硝酸を混合した表面処理薬液を開発。さらに粘性を持たせてペースト化することで〝刷毛を使って塗る〟という安全な用法を実現し、建設用だけでなく原子炉機器や宇宙・航空機機器用等にも採用され、事業を拡大した。

１９８０年代にはステンレスの電解研磨でも独自技術を開発し、

写真３　極薄ガラス加工を高精度で行える

その応用で半導体製造装置治具の精密洗浄処理事業で大手半導体メーカーとの取引も開始。さらに、液晶ディスプレイのカラーフィルターや薄膜トランジスタ（ＴＦＴ）の基板再生事業を開発し、製造歩留に苦しんでいた液晶基板メーカー各社の品質確保に寄与した。

２０００年前後から液晶ガラス基板の超薄肉化研磨事業へ進出し、シャープやＴＭＤなど大手メーカーが採用。米国メーカーのスマートフォン向けをはじめとする中小型液晶パネルの製造において重要な工程の一部を担ってきた。液晶業界の発展に合わせて成長を続け、２００８年には社名を「ＮＳＣ」に変更し、グローバル市場での認知度を高めた。

西山会長が重視する経営戦略の1つが知的財産権だ。液晶業界では２０００年代に入ると韓国・中国メーカーが攻勢を強め、日本の競争力は低下していく。「日本の技術が海外に流出して競争相手をつくった。知的財産権の重要性は大きい」と、西山会長は日本企業の知財戦略の甘さを指摘する。

本格的な海外進出は２００2年。主要顧客ＴＭＤのシンガポール工場建設に呼応してシンガポール拠点を設立し、その拠点を軸に中国や台湾への提案を強化。ＡＵＯや中国・天馬微電子などへ枚葉式基板研磨装置を納入。現在では、低温ポリシリコン（ＬＴＰＳ）液晶を手掛ける中国メーカーの約50％にＮＳＣ製の装置が採用されている。

◉ＴＧＶ加工・黒鉛高純度化加工、廃液混合調製などの新規事業

次なる成長の柱として期待しているのが、半導体向けのガラス貫通基板（ＴＧＶ）を製造する新事業だ。フッ化水素酸による研磨技術を発展させて、ガラス基板に微細な穴開け加工を実現。同技術を使えば3次元構造の実装基板を構成することができ、電子部品の高集積化が見込める。第5世代通信（５Ｇ）向けをはじめ、さらなる活況が期待できる半導体業界への提案を強化する考えだ。

もう1つの柱として期待するのが、黒鉛の高純度化事業。黒鉛は電池材料をはじめ多くの先端材料分野で使われる。ただし不純物が多いと発火事故など品質不良事故を招きかねない。現在、世界で流通する黒鉛のほとんどが中国で採掘・精錬されており、高純度化の質は十分とは言い難い。中国以外の国や地域で採掘した黒鉛を、日本で超高純度化する事業が本格的に始まれば、電子機器の品質向上に貢献できるだけでなく、地政学的リスクも回避できる。２０２１年にも本社工場内に専用ラインを建設し、黒鉛高純度化事業の売上高を10～20億円規模に高める方針だ。

本社工場周辺は一般住宅も多い市街地である。その環境で地域の理解も得て事業免許を取得し、自社開発の装置でケミカル廃液の無害化中間処理事業と混合調製事業も展開し、拡大中である。危険な薬液を扱う事業を展開出来ているのは、毒劇物処理技術に対する確かな知識と経験を積み重ねることで、地域住民から事業への理解を得てきたからだ。

西山会長は「今日がなければ明日はない。今日があるからといって明日があるとは限らない」と、常に危機感を持って経営にあたってきた。社会貢献の想いを胸に、仕事へ真剣に向き合うことが成長への何よりの秘訣だ。

Profile

西山榮 *Nishiyama Sakae*

1971年に西山ステンレスケミカル（現NSC）を設立。ステンレス鋼の表面処理剤を開発し、建設業や製造業向けに展開。その後も技術開発を志向して、液晶ディスプレイのガラス基板を研磨加工する技術が大手メーカーに採用されたことで、液晶業界を陰で支える存在に。現在は会長として後進の育成を図るとともに、『世界初の技術開発』をキーワードに超薄超高精度のTGV加工、超高純度黒鉛、廃液無害化／混合調製等の新規事業も積極的に推進している。

会社DATA

株式会社NSC
大阪府豊中市利倉1-1-1

創業
1971年

事業概要
ガラス表面処理に関する受託・装置販売

URL
https://www.nsc-net.co.jp/

008

独自のBBS哲学で“自動化”を支える

強いチームづくりで次のステージに臨む

NKE株式会社

創業1968年

代表取締役社長
中村　道一氏

「機械にできる仕事は機械に行わせることによって、人々を危険な仕事や重労働、単純繰り返し作業など機械にできる仕事から解放し、より付加価値の高い本質的な仕事、創造的、革新的な仕事に携わることができるようにする」。ＮＫＥの中村道一社長は自動化の目的を語る。ＮＫＥは立石電機（現オムロン）で装置設計を行っていた中村圭二氏が１９６８年に独立し、中村機器設計事務所として創業した。創業当時から自動化設備を設計し、一貫して自動化でわが国製造業を支える存在であり続けてきた。大量生産から多品種少量生産、変種変量生産など製造業のあり方は変遷しても、顧客の求めに応じて問題解決にあたる同社の姿勢は変わらない。

写真１　2019年に完成した本社・イノベーションセンター

◉機器の標準化で全体最適化

創業から50年を超える歩みの中で、同社はブロック・ビルディング・システム（ＢＢＳ）という新たな考え方を生み出した。機械要素を機能ごとに標準化し、それらのユニットをブロックのように組み合わせて自動化システム全体を構築する。会社設立後の早い時期から創業者は独自のＢＢＳ哲学を具現化するために、「スライドシリンダ」「エアチャック」「ピックアンドプレース」など自動化に欠かせない機器の標準化を進めた。わが国製造業の自動化の波に乗り、ＢＢＳ哲学は多くの顧客に受け入れられた。工場を探せば、必ずどこかにＮＫＥの製品が目に入る。ほぼ50年前に開発したユニット製品のいくつかは現在も売れ続けている。

事業継承、世代交代もスムーズに終えたいま、同社は蓄積してきた製品、ノウハウを生かすとともに新たな発想を取り入れ、次のステージに向かっている。新型コロナ禍は同社にも受注減という試練を与えたが、自動車、半導体産業向けなどが回復し、成長軌道に戻った。デジタル・トランスフォーメーション（ＤＸ）による営業の効率化などの社内改革を進めながら、顧客への提案量を増やしていく。

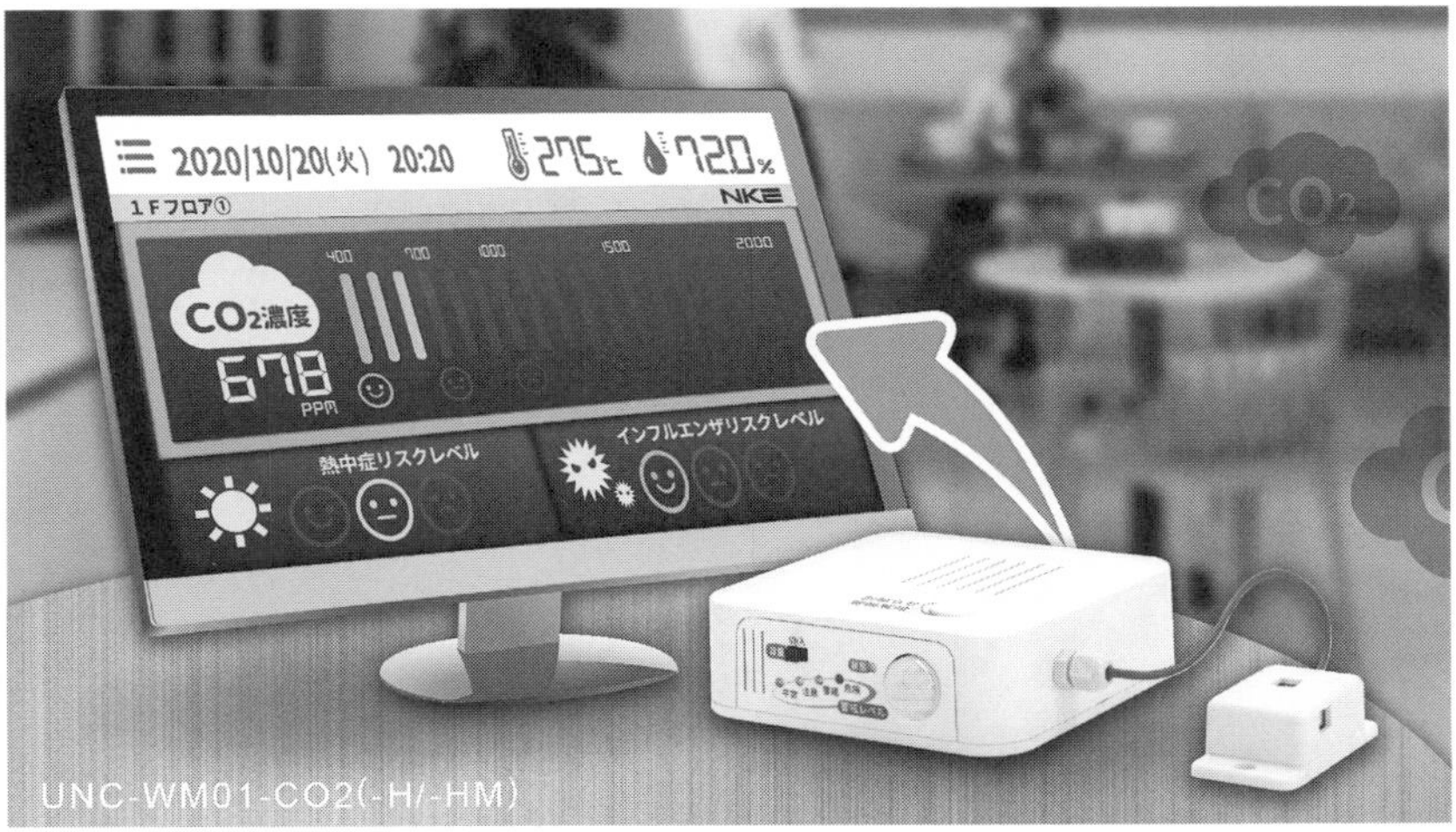

写真２　CO_2 れんら君は、空間の CO_2 量を測定して換気状況が見える化できる

◉組織として力を高める

2005年に就任した中村道一社長は創業者・中村圭二氏の長男。創業者から「自分のアイデアでオリジナル製品をつくるメーカー（開発型企業）スピリット」を大切に受け継いでいるが、経営の進め方では自分流を打ち出した。最も大きな違いは、設計者として独立・起業した先代社長が自らのアイデアで新技術、新製品を次々と生み出したのに対し、中村道一社長は「特定の個人ではなく、チーム力で新しいものを生み出したい」という考え方だ。毎年採用を続け人員規模も以前と比べて拡大している。NKE入社後に管理職として困難な問題に立ち向かい実績を残す中で、「組織の力を高め、様々な人のアイデアを具現化したい」と考える。社長就任後しばらくの間は、一歩退きながらもNKEの経営が気になる父との間で口論を交わすこともあったが、会社を良くするというベクトルは一致している。方法論は違っても、互いの考えは理解できている。

◉自動化の価値を高められる新領域開拓

今後のNKEの進むべき道について、中村社長は「自動化に軸足

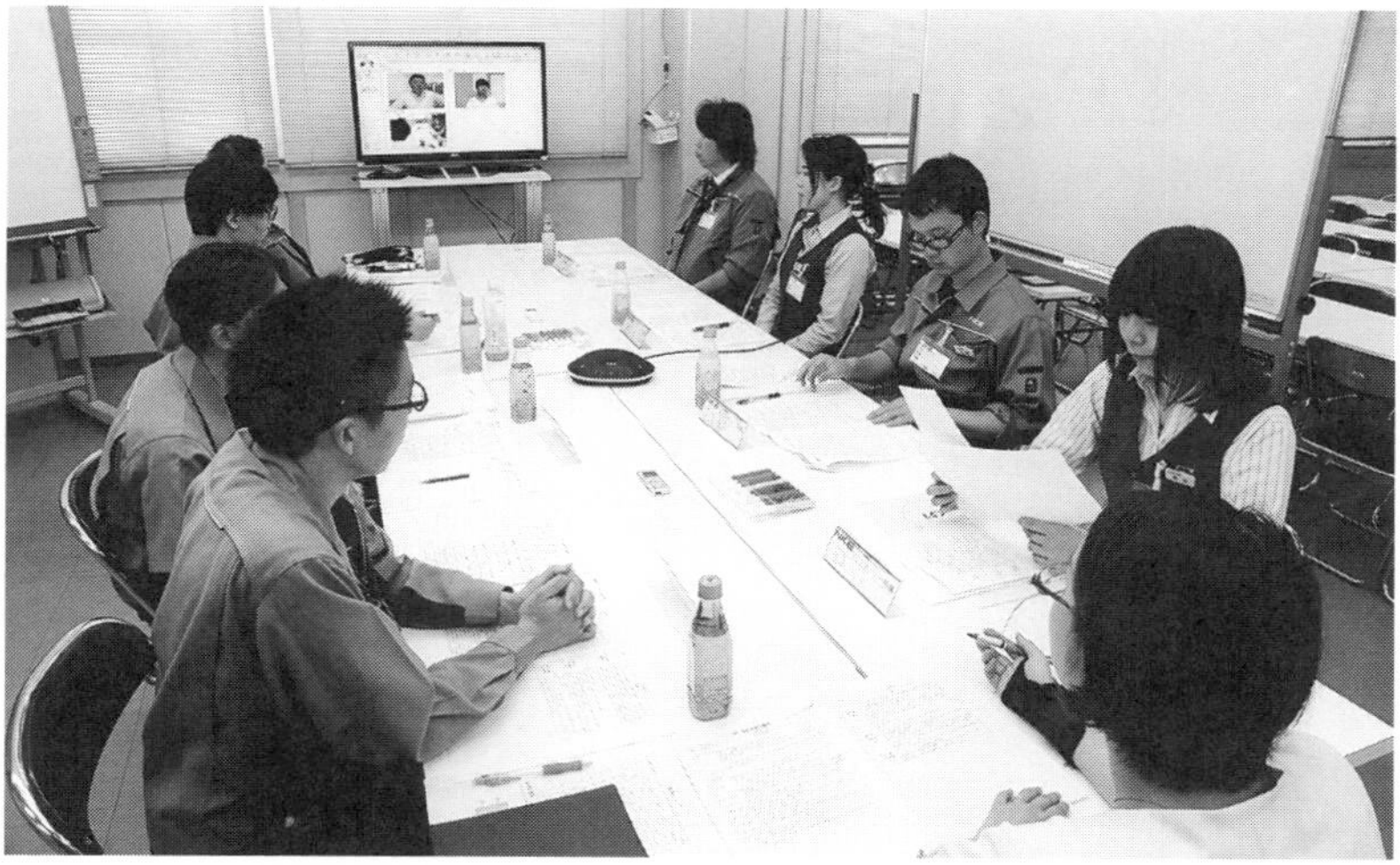

写真3　若手社員が集まり、新たなアイデアを生み出す

を置くことに変わりはない」としたうえで、「自動化の価値を工場の外にも広げて、新しい領域を開拓したい」と語る。

創業から50年弱で創業者がＢＢＳ思想による工場設備の自動化が広がった。それを軸に、人手による作業負担の軽減や環境設定などへと自動化の適用範囲を広げるというわけだ。すでに人工筋肉を用いた腰サポーター「腰助くん」や空間のＣＯ２量を測定して換気状況を見える化できるネットワーク機器「ＣＯ２れんら君」などの新製品を投入している。

同社の活躍するフィールドは地域的にも広がっている。顧客であるわが国製造業の海外進出に追従するかたちで、２０１２年に中国へ進出、現地ニーズに合わせた製品を現地生産して供給し、ＮＫＥの存在感を高めている。

新事業領域、新市場を開拓するためには、人材の確保・育成に加え、社員とのコミュニケーションを円滑に行える「やりたいことがいえて、実現できる」風土形成が欠かせない。中村社長は現在のＮＫＥ社員について「良い面ではあるが、全般に人が良すぎて、のんびりしている」と評する。ただ、今後の成長に向けては「したたかさや強さも必要になる」とし、事業承継もにらみながらユニークな若手人材の採用を続け、「強い経営チーム」をつくり上げていく覚悟だ。

Profile

中村道一 *Nakamura Michikazu*

1987年近畿大学理工学部卒業、米国留学、シライ電子工業勤務を経て、94年NKE入社。2001年取締役電子商品部長、2005年6月28日社長に就任。

会社DATA

NKE株式会社
〒612-8487
京都市伏見区羽束師菱川町366-1

創業
1968年

事業概要
全体最適モノづくりの提案、および支援機器の開発・製造・販売

URL
https://www.nke.co.jp

009

ニーズに応じたゴム製品で産業に貢献

フォークリフト関連に強み、部品も受注生産

株式会社王寺ゴム製作所

創業 1963 年

代表者
岡﨑　賢太郎 氏

王寺ゴム製作所は、アイデアに富んだ独自開発の産業用ゴム製品を得意としている。主力とするフォークリフト関連のゴム製品はリフトのツメにカバーして、ツメやリフト運搬物の保護、破損・滑りの防止に役立つ。すでに20年以上のロングセラー製品となっている。

◉自社ブランド増やし利益率向上

ほかにも歩行安全・防音用途の道路土木関連、ゴムシート、金型成形による工業用ゴム部品など、多種多様の製品を手がけている。

特に力を入れているのは、自社ブランドのオリジナル製品の開発。自社ブランド製品と、受注生産によるゴム部品の売上高比率は、ほ

写真１　フォークリフトのリフト部に被せる自社ブランド製品は２０年以上のロングセールスを誇る

ぼ半々。自社ブランドは利益率が高いため、長年の経営の安定に寄与してきた。フォークリフト関連の顧客は全国に広がり、商社経由の販売や、大手リフトメーカーとの直接取り引きもある。ゴム部品も各地の顧客から受注している。全商品の受注件数は月間でおよそ２００～３００社に上る。

３代目の岡崎賢太郎社長は、「当社はニーズに応えた自社ブランドの開発にたけている」と自負する。受注品は指示されたものをつくるだけのため利益率が低く、下請けに甘んじないよう自社ブランドにこだわってきた。初代は社長の祖父。技術者出身で、20歳代で一念発起してゴム成形のプレス機を買い、自宅で創業した。「顧客を訪ねては困りごとを聞き、熱心に営業していた。仕事に厳しかった」と岡崎社長は回顧する。

２代目は岡崎社長の父（現会長）が継いだ。２代目はおもな取引先だった商社からの下請け脱却を目標に、自社ブランドの開発に努め、営業で全国を精力的に回り、多くの顧客を新たに開拓した。こうした祖父や父の背中を間近に見ながら、岡崎社長は２０１９年に３代目を継承した。

岡崎社長は父の苦労を見てきたため、後を継ぐことにためらいも

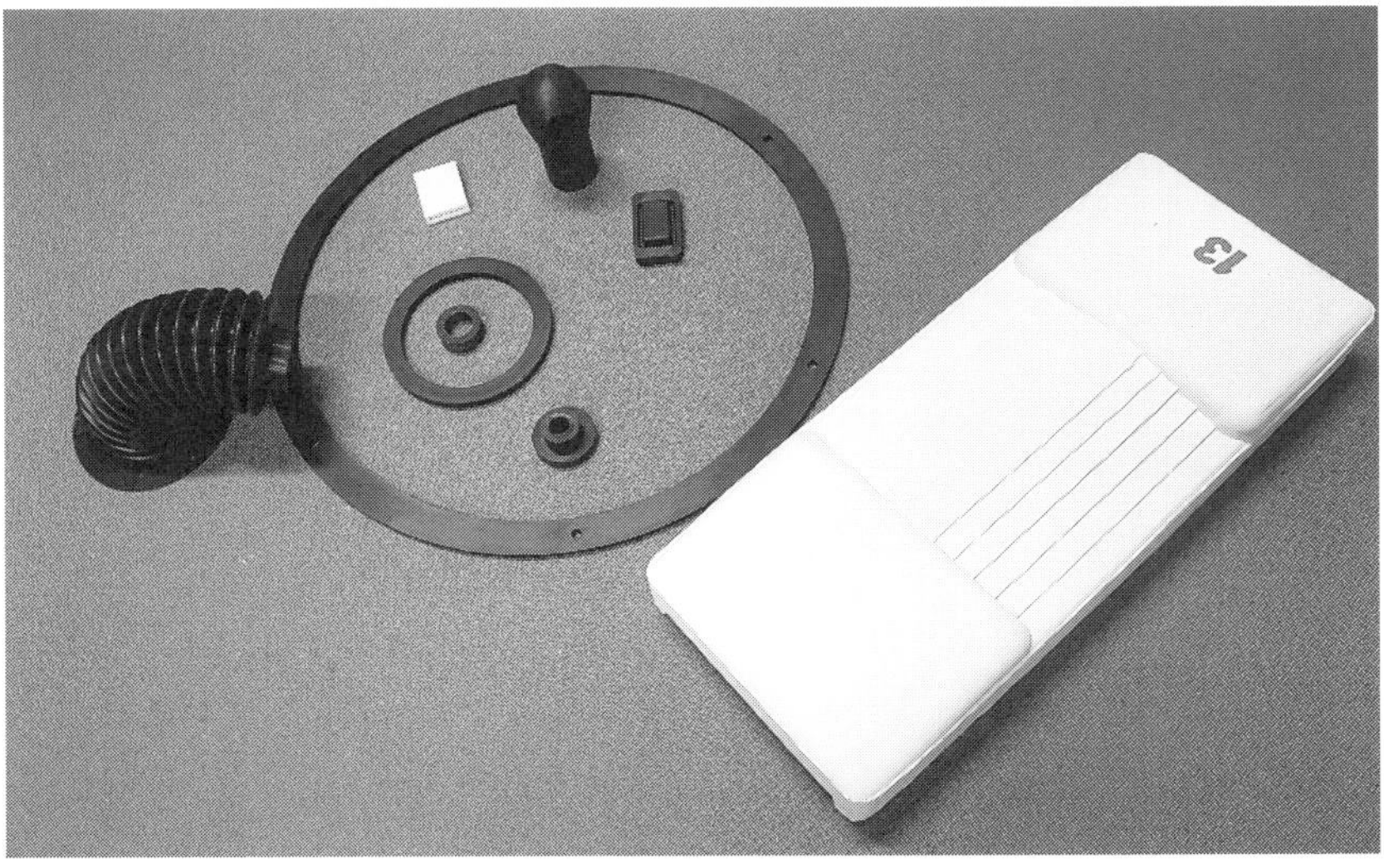

写真２　金型成型で多様なゴム部品の受注生産に対応している

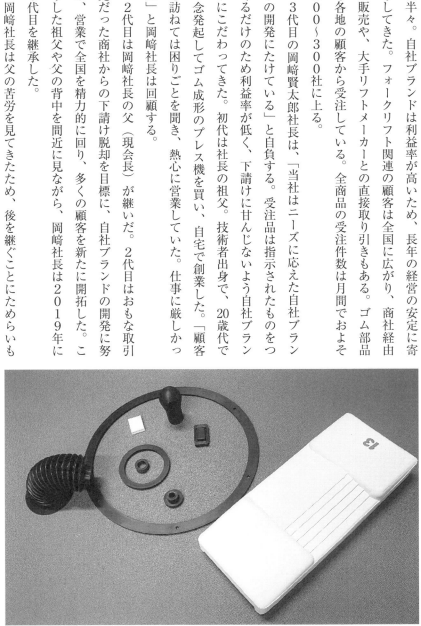

あったが、家族と親族の説得やサポートも受け、引き継いだ。2000年に入社する前は住宅リフォーム、人材派遣、フライパンの表面塗装と、さまざまな会社で働いた。こうした社外での経験も糧に、さらに安定した経営を築こうと努めている。

社員は20人だが、20～30代が多い。増員は考えず、少数精鋭による企業レベルの向上を目指している。このため、1人の技能者が複数の製造工程を担う「多能工化」に取り組む。工程の作業は多様のため、1人ひとりの技能向上が生産性向上に欠かせない。岡﨑社長も営業に精を出すかたわら自ら製造を手がける。社員が働きやすい福利厚生や職場づくりを心がけている。仕入れを一部改め、コストダウンに努めている。岡﨑社長は経営の全般に目を配りながら「自分としては得意の営業を生かしたい」と強調する。

◉多能工化やコストダウン推進

新型コロナウイルス感染症の拡大にもかかわらず、アイデア商品で売上高を伸ばしている。特にフォークリフト関連のゴム製品はラインアップが豊富。リフトの積み荷の保護、リフトに積み荷をつり上げるロープの断裂防止、つり上げ治具などに製品化している。

写真３　ゴム製品の成形に力を発揮する大型プレス機械

リフトのツメとゴムの接着面には永久磁石を埋め込んで一体成形し、ツメからはがれないようにする工夫を採り入れた。道路土木関連では、側溝のグレーチング（溝のふた）の振動を抑える防音シート、側溝・コンクリートの小穴に足がはまるのを防ぐ穴埋めの安全対策製品、足滑りの防止や踏み心地を改善する路面シートなどをそろえている。新型コロナなど衛生用途では、靴裏の消毒マットや、家畜の感染防止マットにも、ゴムが採用され始めているという。

今後の方針としては、産業用途だけにとどまらず、生活用途の需要開拓も目指している。例えば、ゴムが備える弾力性や衝撃の吸収力を生かし、介護への応用製品を検討している。ゴムの長所をどのようなニーズに役立てられるかを調べ、製品化を検討している。ゴムはプラスチックの合成ゴムなどに置き換えられる傾向もあるが、強度や弾性など優れた独自の特性を備える。プラスチックとは異なり、少ない量から原料を購入できるのもメリットで、多品種少量の工業生産にも向いている。

岡崎社長は「市場は成熟しているが、技術のレベルを上げて、生活用途のニーズにも応える製品開発にチャレンジしたい」と、意欲を示している。

Profile

岡﨑賢太郎 *Okazaki Kentaro*

住宅リフォームや人材派遣の会社で営業を経験したほか、フライパンの表面塗装工場で技能者として働いた経歴もある。その後、2000年に王寺ゴム製作所に入社し、19年に社長に就いた。創業以来のモットーとする「より高度な開発力」と、時代に対応した変化を推し進め、持続的な経営をリードしている。

会社DATA

株式会社王寺ゴム製作所
〒639-1116
奈良県大和郡山市伊豆七条町172-1

創業
1963年

事業概要
ゴム成形を主に、プラスチック・発泡体・押し出し・Oリング・その他関連アセンブリ

URL
http://oujigom.co.jp/index.html

010

高機能溶射で長寿命化、産業を支える

日本品質・国際コストで顧客に定評

大阪ウェルディング工業株式会社

創業 1962 年

代表取締役社長
魚谷　徹生 氏

大阪ウェルディング工業は、様々な産業機械の機構部材の長寿命化を実現する溶射加工で産業界を支えている。溶射は部材に金属を吹き付けて皮膜を形成し、耐熱・耐摩耗・耐腐食性を高める。同社にはポンプやバルブ、産業機械や建設機械などに使われるあらゆる部材が持ち込まれる。長寿命化で過酷な環境や海外など遠方で、しかもメンテナンスを最小限に抑えて機械を活用することができ、コスト削減や効率生産に役立つとあってリピート顧客は多い。「水力発電などエネルギーや化学プラント、製鉄など需要は広く長く続く」と魚谷社長は見ている。マザー工場である滋賀本社工場を軸に、中国やインドとグローバルに生産拠点を展開する。「日本品質、国際

写真 1　ボールバルブ部品への高速溶射の様子
同社の技術は機械製品の長寿命化に寄与している

水準のコスト」を旗頭に中国やインドに進出を計画する日本企業に安心と信頼を提供して、顧客とのつながりをより深く強固にしている。

「強みはフュージング溶射という技術を主軸としているため同業他社では少ない高温処理の設備が揃っていて、多様な製品に対応できること」。魚谷社長はこう胸を張る。合金パウダーを溶かして吹き付ける一般的な溶射では衝撃で剥がれることがある。同社では自溶合金を溶射後、再度溶融解して素材と溶射層の間に合金層を形成し、冶金的結合で強固に溶着させるフュージング溶射を得意としている。一般的な溶射と合わせて使用用途の広がりを見込めるという。

海外展開で同業他社に先駆けたのも特徴だ。中国進出は2001年と早く、上海に100％出資の上海工場を開設し、溶射や機械加工で地元の日系企業を中心に需要を取り込んだ。16年には南インドのコインバトールに工作機械販売や機械加工の合弁工場を設立、17年には江蘇省に常熟工場を開設して上海工場を統合し、さらなる強化を進めている。顧客ニーズの効率向上やコスト低減をグローバルな体制で実現し、顧客をつかんでいる。高機能な溶射という事業本来の強さとともに、「『日本品質、国際水準のコスト』を実現する生産性向上に絶えず取り組んでいることが、これまでも、またこれか

写真２　ポンプスリーブへの自溶合金溶射の様子。こうした技術に強みがある

らも顧客を放さず成長を継続する秘訣」と断言する。

◉生産性向上が顧客とのつながり持続

「今注力しているのは」と問われると、その時々の課題とともに必ず生産性向上をあげる。現場を中心にボトムアップで進めていくのが基本で、社長ら幹部だけでなく社員だれもが問題意識を持って臨んでいる。例えば、同社は多品種少量生産が多く、どうしても段取り替えに時間がかかってしまう。そこで機械セッティングを見直してはどうか、ワークの加工の仕方を工夫してみてはどうか、刃物の取り換え時期を考えてみてはどうか、など様々な意見やアイデアが寄せられ、少しでも生産性や効率の向上に役立つとみれば採用する土壌が現場にできあがっている。目標や締め切りが決まっているわけではない。「ノルマに縛られず解決策が生まれ取り込めればよいという自然体で向き合う」ことが、この取り組みを長続きさせているという。

魚谷社長が理想にする会社像は「社員1人ひとりが自分の頭で考えて納得して動ける会社組織」だ。会社にプラス、自分にプラス、顧客ら他にプラスになることならなんでも奨励するとしており、生

写真3　滋賀工場をはじめ社内改善提案コンペの実施で、品質向上を図っている

産性追求の取り組みはまさに社長の理想像のひとつになっている。

◉5歳で社長内定、完全な継承実行

魚谷社長は2012年に社長に就任したが、実は内定はずっと早く5歳の時だった。叔父で創業者である田島明良元社長と、実父で前社長の魚谷禮保会長は「中小企業に優秀な人材が来ないから自分らで育てよう」と工場を遊び場にしていた社長に白羽の矢を立てた。以降、集金に同行させたり経営の話し合いに同席させたりするなど柔らかな帝王学を早くから叩き込んだ。本気になったのが米国留学だ。同社は米国から導入した溶射技術で成長してきた。創業のルーツで先進の機械工学を学び、いずれは会社の発展につなげてもらうのが狙いだ。魚谷社長は高校2年生で米国に渡り、南イリノイ大学で応用機械工学を専攻。卒業した1992年に同社に入社、主に製造や技術開発に携わってきた。

2018年、もうひとつ画期的な出来事が起きた。株式を含めた完全な事業承継だ。株式贈与の税金など大きい負担を弁護士や税理士の協力で減らし、会長や社長、会社や社員が公器である会社が継続できるよう承継することができた。社長は「顧客の信頼は厚くなり、経営判断への責任など自身の覚悟が変わった」と感じている。

Profile

魚谷徹生 *Uotani Tetsuo*

前社長の魚谷禮保氏の長男。高校時代から米国に留学、南イリノイ大学で応用機械工学を学び、1992年に卒業、同社に入社した。溶射技術を科学的に体得。社内では製造部や技術開発を担当、社長就任後はクラウド会計システム、人事階級システム、生産管理システム、従業員所得改革を手がける。

会社DATA

大阪ウェルディング工業株式会社
〒528-0052
滋賀県甲賀市水口町宇川1426-10

創業
1970年5月

事業概要
耐摩耗・耐腐食・耐熱の溶射加工、精密機械加工

URL
https://www.osakawel.co.jp/

011

真空機器を総合的に扱う専業の老舗企業

粘り強く前向きに慢心を嫌う生粋の大阪企業

株式会社大阪真空機器製作所

設立 1950 年

代表取締役社長
笠岡　一之氏

大阪真空機器製作所は、真空ポンプを中心に真空機器の開発・製造・販売・メンテナンスサービスなどを手がける。

強みは、超高真空ポンプを主力に総合的な取扱品目を活用した提案力にある。ターボ分子やドライ真空、ルーツ真空、油回転真空、液封式真空、エジェクターなどの各種ポンプ類のほか真空機器・システムを揃える。個別設計製品として各種成膜装置、含浸装置、乾燥装置、各種環境装置（スペースチャンバーなど）を手がける能力も持つ。

こうした製品群を支えるため、同社は「超高真空」「高速回転」「流体」「軸制御」の4つを基幹技術に位置づけている。

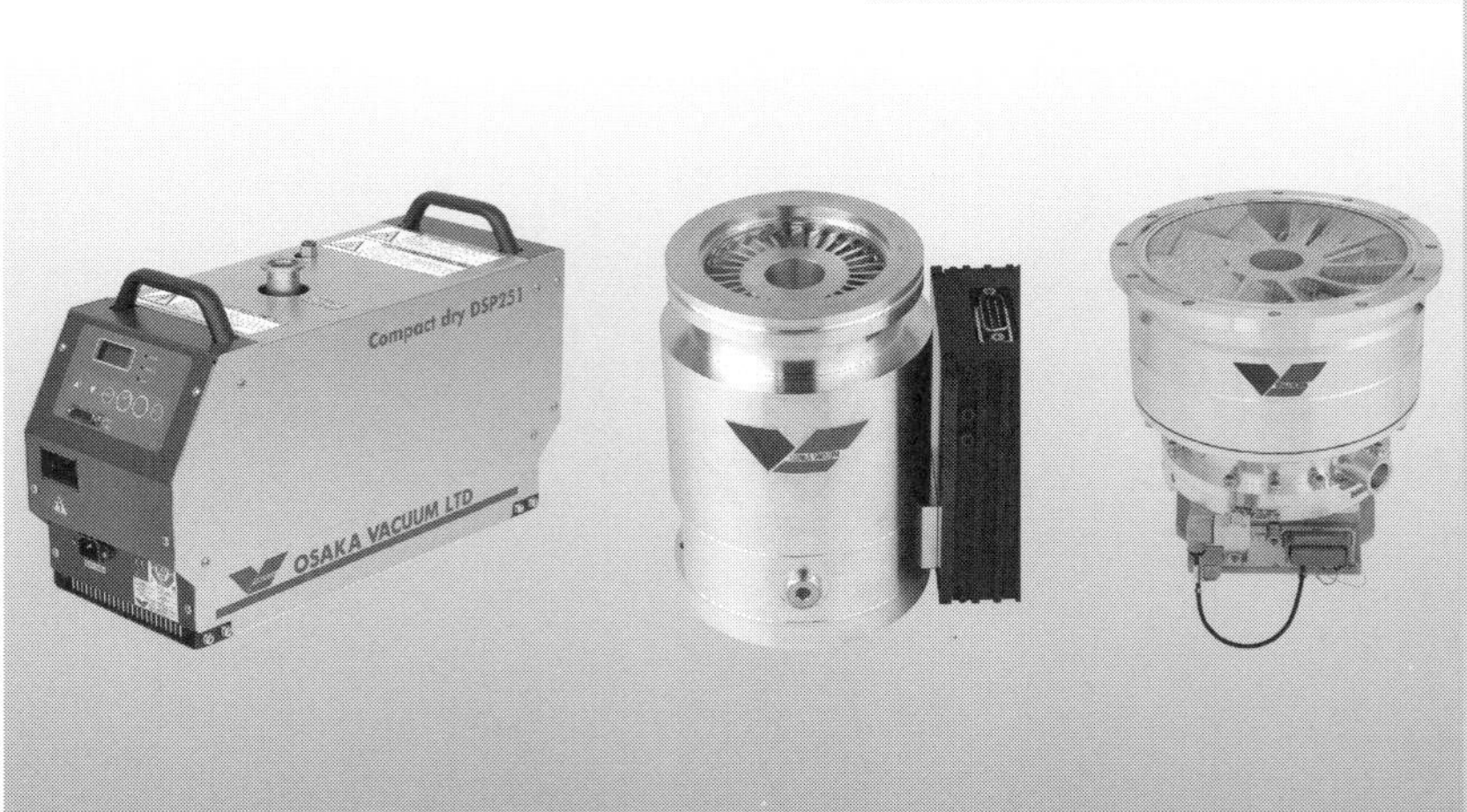

総合的な取扱品目を活用した提案力に強みがある。ターボ分子ポンプ２種（右）とコンパクトシリーズのドライ真空ポンプ（左）

事業拠点として、国内は3事業所・2工場、海外はソウルと上海に事務所、シリコンバレーと上海に100%子会社を配置している。

◉社是・社訓とした「事業定義」が長寿の基礎

1950年9月設立の大阪真空は、「安心感を持って長期間にわたり、顧客に満足して使ってもらうこと」を品質マネジメント（ISO）の重要目標として掲げている。さらに、この上位概念として、「事業定義」と名付けた社是・社訓を事業運営の中で重視している。

しかしながら、十年前までは明文化された社是・社訓は存在しなかったそうである。経営の定石として、事業を長く営むためには社是・社訓が不可欠だと考えて、笠岡社長が、創業者の足跡を辿りながら創業60周年の時期に作成している。「会社は同じ夢を持ちたいと思う人がベクトルを合わせて夢を実現するための場所と捉えて、この夢のベクトルを『事業定義』の中に示している。

創業者は非常に勉強熱心だったという。自ら率先垂範して社員に伝えようとした姿勢を、社是・社訓に位置付ける『事業定義』の中では前向きにと言葉を変更して表現している。笠岡社長は「勉強は机上で学ぶだけではなく、実務経験も生かしてよく勉強する会社で

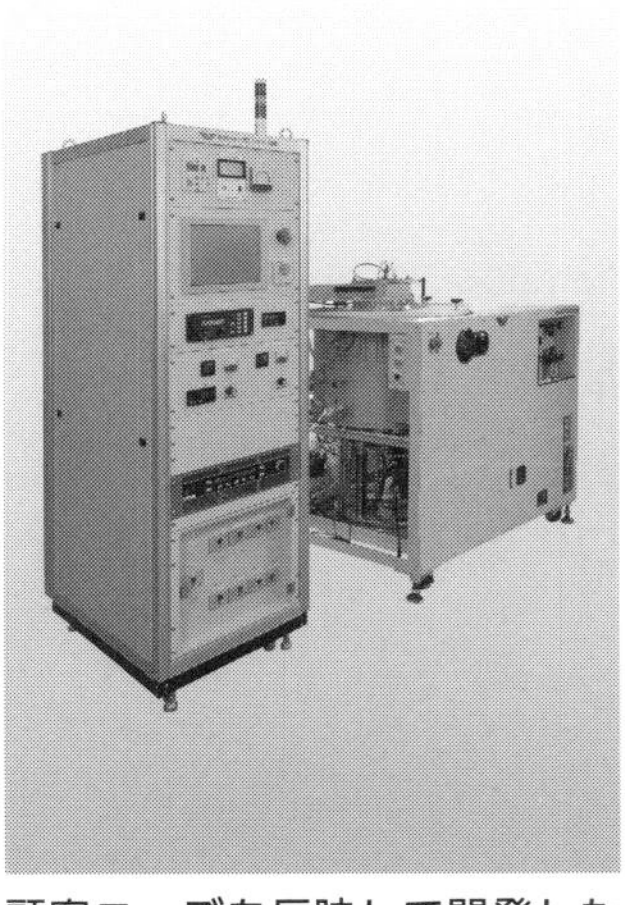

顧客ニーズを反映して開発したスパッタリング装置

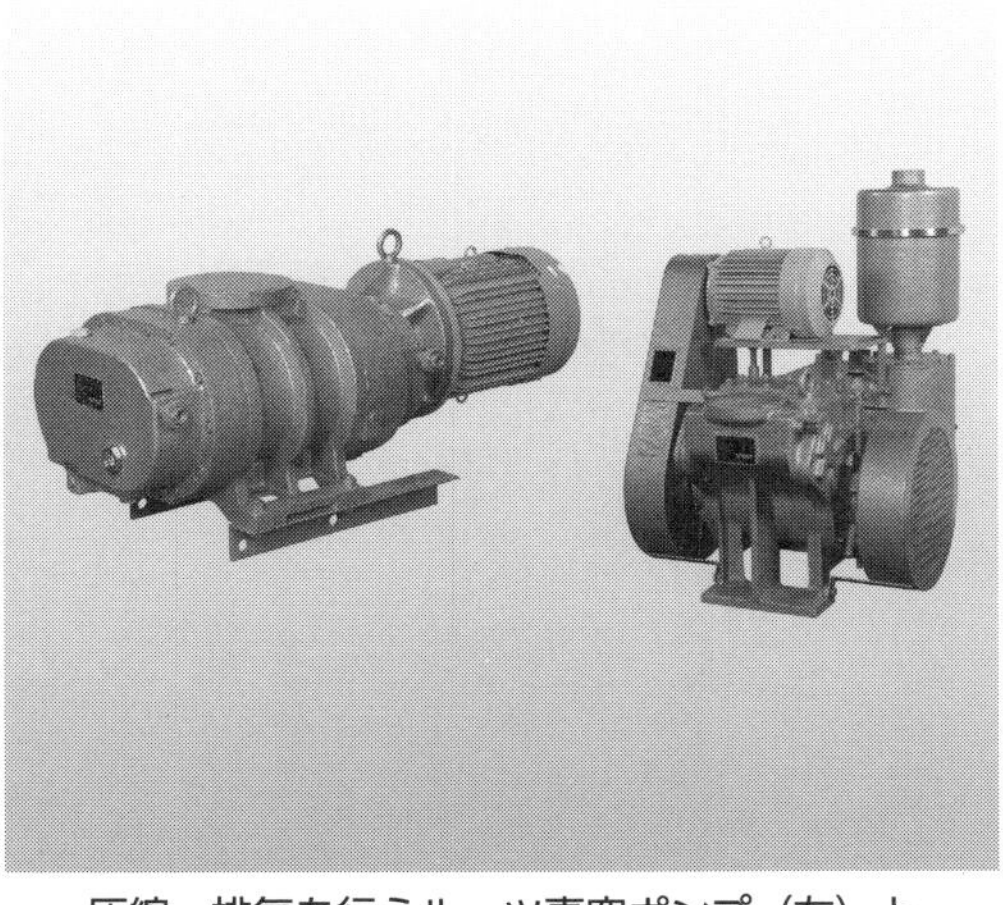

圧縮・排気を行うルーツ真空ポンプ（左）とベルト駆動型油回転真空ポンプ（右）

あるということを当社の伝統として育てたい」と力を込める。

ここ数十年間、世界の真空産業は、大きな産業の1つのサブシステム化する傾向が強まっている。このような時代背景を考えると、真空ポンプを専業とする事業形態を今後も維持、発展させることを重要な社会貢献と捉えている。大きな産業から独立し、専業メーカーならではの視点で顧客の真空への要求事項に的確に応え、未来へ向けて挑戦する企業を目指す。

大阪真空の本社は大阪の都心部にある。人生の3分の1を他郷で過ごした笠岡社長の感想として、大阪人は日本人の多くから誤解されていると悔しそうに話す。大阪人にとってのお金とは、守銭奴ではなく取引の中で認められたという証であると説明する。暴利を得ることは目的ではなく、競合会社よりも少しでも高額に買っていただけたという評価、言葉を変えると天からの授かりものだと心の底から誇れる感覚、この「大阪人のDNA」を受け継いでいる会社だと話す。ビジネスマンに国境はなく、取引が財産である。大阪真空では倫理的に、かつ仕事に常に前向きに粘り強く取り組む。さらに経済性、社会規範に照らし合わせながら合理的な行動を選択する。こうした大阪人のビジネスマンのDNA継承を、大きな使命としても掲げている。

2020年9月、大阪真空機器製作所は創業70周年を迎えている。

孔子は論語の為政の中で70歳を「従心所欲、不踰矩」と説く。「70歳（70周年）にもなると心のままに過ごしても（心の欲する所に従っても）、矩を踰えることはない（倫理的規範から逸脱しない）」といった未来志向の意味がある。この心意気をもとに笠岡社長は、東アジアの真空専業会社として社業を発展させる思いだ。

◉東アジアの大阪企業という心意気

将来展望に向けて、笠岡社長は次のように話す。「真空ポンプを専業とする事業形態を今後も維持・発展させながら、『真空専業会社』の視点でお客さまの真空への要求事項に対応できる会社にしたい」。また無闇に事業を拡大させることよりも「M&A（合併・買収）のような専業色を失うような外部の経営戦略に巻き込まれない事業経営手法が真空技術の発展と継承のために重要である」と続ける。

笠岡社長は、最近海外で日本製品と出会う機会が少なくなりつつあると発言している。日本的な商流を足がかりとしての世界市場開拓は昔よりも困難になっている。自前の現地商流の構築と海外業務の体制整備の要求も強まり、従来以上に経営資源の重点市場への投入が求められている。こうした点を踏まえ、大阪真空は日本との距離も近い東アジアを特に重要な活動地域として捉えている。大阪人と気質の合う東アジアの人々から気持ちよく迎え入れてもらっているという感謝の気持ちを抱きつつ、外国の人に好かれている地でもある「大阪DNA」を備える、地の利への自負も合わせてビジネスを展開していくという。真空専業会社としての特徴を生かしつつ、さらなる事業展開にまい進する。

Profile

笠岡一之 *Kasaoka Kazuyuki*

関西学院大学大学院商学研究科前期（国際会計）を修了、みずほフィナンシャルグループの経営コンサルティング会社で十数年のコンサルティング実務を経て1993年、大阪真空に入社。管理部門や中国・韓国・台湾・欧州など海外での事業開発の担当、生産改善活動の導入に携わり、2004年より社長職に就く。2018年には名張工場（三重県名張市）を増強し、モノづくりの強化に取組んでいる。

会社DATA

株式会社大阪真空機器製作所
〒541-0042
大阪市中央区今橋3-3-13　ニッセイ淀屋橋イースト

設立

1950年

事業概要

真空機器、真空ポンプの開発・製造・販売・メンテナンスサービス

URL

https://www.osakavacuum.co.jp/

012

ステンレス製圧造部品の技術力で定評

「E-LOCK」をはじめ自社製品も多彩

大阪フォーミング株式会社

設立 1971 年

代表取締役社長
奥野　芳昭 氏

大阪フォーミングは雌ねじをはじめとするステンレス製の圧造部品を手がける。ステンレスは加工が難しいとされるが、精密な形状にも対応できることで定評がある。独自構造のゆるみ止めナット「Ｅ－ＬＯＣＫ」シリーズをはじめ多彩な自社ブランド製品を擁し、ねじ工場向けソフトウエアも開発・販売するモノづくり企業だ。

◉ねじ業界向け生産管理システムも

１９７１年、ばね製造機械を手がける奥野機械製作所の研究開発部門を基盤に設立した。創業者の奥野克美会長は奥野機械製作所の創業者、故・奥野利和氏の実弟。奥野家はフォーミングマシンメー

写真１　大阪府岸和田市に本社を構える

カー、阪村機械製作所の故・阪村芳一氏とも親戚関係にあり、3社は近い存在だった。当時、ねじメーカーは拡大基調で素材は鉄が主流。ステンレス製品は少なかったが、ステンレスナットなら難加工材の分野としてユーザーに喜んでもらえると見定め、74年に圧造工場を整備し、ステンレスナットの生産を始めた。

経営は軌道に乗ったが、バブル期に安価なステンレスナットが海外から大量に輸入されるようになると出荷量は徐々に減少。受託生産の比率も高まった。克美会長の長男、奥野芳昭社長はバブルが弾けた後の95年に入社。入社後は長らく生産管理システムの開発に携わった。大阪フォーミングはねじ業界に特化した生産管理システムを展開しようと、設備の稼働や製品在庫、金型の寿命などを一元管理する「まいへるぱー」を94年に発売。このシステムの発展に注力した。手がけた生産管理システムは大手ねじメーカーにも採用され、手厚いサポートは高い評価を得た。

2008年秋のリーマン・ショックの少し前から経営は実質的に専務だった芳昭社長に任されていた。リーマン・ショックによる売上高の激減は転機となった。克美会長は売上に見合った事業規模に縮小するよう芳昭社長に指示。芳昭社長は反発した。縮小には夢が

写真2　多数の加工機で精密かつ複雑形状に対応する
フォーマー（右）とタッピングマシン（左）

ない。「メーカーに転身することで市場は大きくなる。その中で勝負したい」。メーカーを目指したナットの新製品開発が芳昭社長の経営者としての出発点だ。試行錯誤のすえ、Ｅ－ＬＯＣＫを開発し、10年に製造、販売を始めた。業績はV字回復。以来、六角タイプ、フランジタイプなど種類を増やし、Ｅ－ＬＯＣＫをシリーズ化するなど自社ブランド製品の拡充に力を入れている。

◉品質保証や性能保証を確立へ

ステンレスの需要は広がっている。近年増えた自動車関係の仕事に1つずつ対応する一方、高速鉄道の車両や航空宇宙産業に本格参入できる体制づくりを目指す。ステンレス以上の難加工材に取り組み、技術をさらに高める狙いもある。最近はステンレス製圧造部品をはじめ製造しているすべての圧造部品の品質保証体制の確立にも注力。最新鋭の画像検査機を活用してＥ－ＬＯＣＫシリーズなどを全数検査しており、近く全製品を対象にする。製品の表面粗さや硬度を測定する機器、ねじの締め付け試験機などを相次ぎ導入し、外注していた製品の性能保証の内製化も進める。台湾、中国など海外の部品メーカーの技術レベルが高まるなか、競争に勝つには製品の

写真３　増設した社屋内に設置した画像検査装置

品質保証や性能保証が重要と判断。「不良品を1つも社外に出さない」「安心、安全、安定といった品質への信頼性」を付加価値として前面に打ち出す。

社内の組織づくりにも余念がない。会社の各部門がベクトルを合わせて仕事を進める組織にしようと、営業、購買、品質保証、システムといった各部署の実務責任者に課長を起用し、目の前の仕事だけでなく各部署全体のあるべき姿を早い時期から意識してもらうようにした。創業者の克美会長が先導して築いた大阪フォーミングの良さは企業理念や経営理念として明文化されている。「通り一遍のことだけやっていても仕方がない。他と違うことをやっていかないと。そのためには、日頃から先のことを〝創造〟しながら仕事をし、1人ひとりが強くなる必要がある」と芳昭社長。その思いは「三方善し」「一意専心」「公明正大」の3つの精神や「全社員の幸福を追求する」ことを謳った企業理念「たゆまぬ挑戦を信念に、失敗を恐れず、創意工夫をこらす情熱と努力で、新たな価値の創造に努め、企業価値を高める」「1人ひとりの創造力とチームワークを最大限に生かせる働きがいのある企業風土を創る」など7項目からなる経営理念に凝縮されている。

2021年で会社設立から50年。さらなる発展を目指し新たな一歩を踏み出している。

Profile

奥野芳昭 *Okuno Yoshiaki*

高校時代からコンピューターのプログラミングに親しみ、1995年に近畿大学理工学部を卒業後、大阪フォーミングに入社。2002年に専務就任。機械の調整の仕方なども実務を通じて集中的に学んだ。創業者で父の奥野克美氏（現・会長）が古希（70歳）を迎えたのを機に2017年12月、社長のバトンを引き継いだ。

会社DATA

大阪フォーミング株式会社
〒596-0113
大阪部岸和田市河合町894-2

設立
1971年

事業概要
弊社ブランド品の製造・販売、特殊圧造品の開発・試作・製造、ねじ工場向けソフトウエアの開発・販売、コンピュータ・ネットワークのメンテナンス、ばねの製造・販売

URL
http://www.forming.co.jp

013

流体を無駄なく運ぶ配管設計・施工

イベントや展示会を裏から支える

株式会社岡元工業所

創業 1965 年

代表取締役社長
細見　康 氏

岡元工業所は展示会やイベントの設備を設計・施工する会社。地元、大阪で２０１９年にG20サミットを手がけたほか、東京２０２０オリンピックではヘリテッジゾーン内競技会場の設備を担う。建物の既存インフラを活用し、仮設の給排水・衛生設備や空調機器などへ、無駄なく流体を運ぶ配管ルートを確立し〝フィッティング〟させるのがノウハウの要。細見康社長は「パズルのよう」と表現し、水・ガス・空気・熱を流す最適解を探して各種イベントを裏から支える自社の仕事に、楽しみと自負を抱く。

仮設の給排水・衛生設備では、必要な水量を適正な水圧で提供するために、どこから水を採りどこに排出するかや、必要な勾配から床の高さなどの要件を設定する。一方、機械やロボットの展示会などで使う圧縮空気設

写真１　少数精鋭体制で各種イベントを縁の下から支えている

備も、どこで配管を枝分かれさせるかで圧力の差違が出る。さらに、ほとんどのイベントの工期は短いため、工程管理も事前にボトルネックを見つけて施工業者や職人の待ち時間をなくす必要もあり、まさにパズルだ。岡元工業所が手がけるイベントは、大小合わせ年間４００〜５００件に上る。これらを10人の社員で支える少数精鋭体制をとっている。同社の営業は基本的にはプランナーも兼務する。営業と設計が分かれていれば、顧客ニーズがうまく伝わらなかったり、顧客からの問い合わせへのレスポンスが悪くなったりするからだ。また「最初から最後まで関わって、顧客の反応や結果を見る方がおもしろい」との考えがある。社員のやりがいにつながり、定着率も年々上がってきている。細見社長は「もともとは職人集団だったのが、企画から施工管理までをこなせる陣容になるまで15年かかった」と入社当初を振り返る。

◉特定建設業の資格を取得し大型案件も

岡元工業所が水道工事業で創業したのは１９６５年。展示会場にほど近い地の利を生かし、展示会設備も請け負っていた。創業者、岡元輝夫氏の娘婿である細見社長が入社した92年はまだ、従業員は日給の職人のみ。前職で団体職員を10年勤めた細見社長は「まずは安心して働ける会社にしよ

写真２　得意のノウハウを生かし現場ごとに最適な配管ルートを確立している

う」と、社会保険や福利厚生充実に着手した。しかし「結果として手取りが減るので職人さん達に反発をくらった」と苦笑する。ただ「社員には安定した生活をしてほしいし、幸せになってほしい」との考えは譲れない。職人について現場作業もしつつ、社内では工事見積もり請求システムを自らプログラミングし、手作業主体の事務作業から脱却するなど着実に業務を改善。就業規則や給与規定もつくり、徐々に社内体制を整備した。また、新たに特定建設業の資格を取得することにより技術的財務的信用を高め、建築業としての請負金額制限もなくし、大型案件をも手がけるようになった。

一方で変わらないのは、先代から引き継いだ「顧客からの評価に徹底して拘る」こと。展示会やイベントでは、始点となるニーズ聞き取りから会場の調査、シミュレーション、施工、開催期間中のトラブルシューティング対応、終点の設備撤去まで気を抜くことなく細部に気を配る。細見社長は「親身になってやれば結果が出るのが仕事だし、必ず次につながる」と断言する。実際に2019年、熊本県で開催された世界女子ハンドボール選手権の空調設備では、97年の世界男子ハンドボール選手権の実績が評価され岡元工業所に声がかかった。世界レベルの競技大会は、ドーピング検査など様々な規定があり、求められる設備を仮設工事で実現することは難しい。「過去の蓄積があっていまがある」ことを実感し「未来へとつなぐ実績を今後もつくりたい」と抱負を語る。

写真3　明るいショールームには給排水・衛生設備が並んでいる

◉潜在ニーズに確信、社員採用拡大へ

新型コロナウイルス感染症拡大によって、2020年は展示会やイベントの中止が相次ぎ、岡元工業所の受注も約3分の1に減少した。しかし細見社長は「開催している展示会に実際に行ってみると来場者がかなり多く、やはり展示会はビジネスに不可欠」と潜在ニーズを確信。今後、社員採用を増やす方針だという。ただ「この仕事は、やりがいが魅力だが、イベントの種類や集中時期などで、残業が増えるのが課題」。特に19年のG20サミットでは、セキュリティ上の規約から書類を社内に持ち帰るのは厳禁で、打ち合わせもすべて現場でしかできず、担当者にかなりの負荷がかかったという。このため、分担できる体制を軸とする働き方改革を進める考えだ。

目指しているのは、仕事だけでなく価値観の共有。「もともと先代社長が、顧客とコミュニケーションをとりながら価値観を共有し、そのブランドやカラーを体現することを得意としていた」。細見社長はこれらのコミュニケーションを対顧客だけではなく、社内外の両方で広げようとしている。「仕事を楽しむ」仲間を増やすことができれば、より多く、より大きなパズルに挑むことが可能になりそうだ。

Profile

細見康 *Hosomi Yasushi*

大学でシステム工学を学び、卒業後は団体職員として事務やシステムエンジニアなどの業務に約10年従事した。1992年に岡元工業所へ入社。現場と社内管理の両方に携わり、徐々に改革を推進。2017年に社長に就任し、次の成長に向け足場を固めている。

会社DATA

株式会社岡元工業所
〒552-004
大阪市港区夕凪1-10-9

創業
1965年

事業概要
イベント用建築機械設備工事の企画・設計・施工

URL
http://www.okamoto-works.co.jp

014

レーザー技術を核にニッチ市場でトップ

100年企業を目指し働きがいのある会社を目指す

株式会社片岡製作所

設立 1968 年

代表取締役社長
片岡　宏二氏

片岡製作所はレーザー技術を核に、世界シェアトップを自負するリチウムイオン二次電池検査装置、電子部品などの微細加工、太陽電池や有機ELのリペアなどに活用されるレーザー加工装置、iPS細胞の不要細胞を高速除去できる細胞プロセシング装置などライフサイエンス装置と、3カテゴリーで成長戦略を練っている。

片岡社長は日頃から「強みは世界最先端の開発力」と公言している。1986年にスイスのレーザーメーカーのラザック社との提携でレーザー事業に参入した。以降、産学での積極的な共同研究の推進、2001年の「先端レーザ研究所」設立など研究開発体制を固め、その開発スピードを大幅に加速させている。その結果、社外に

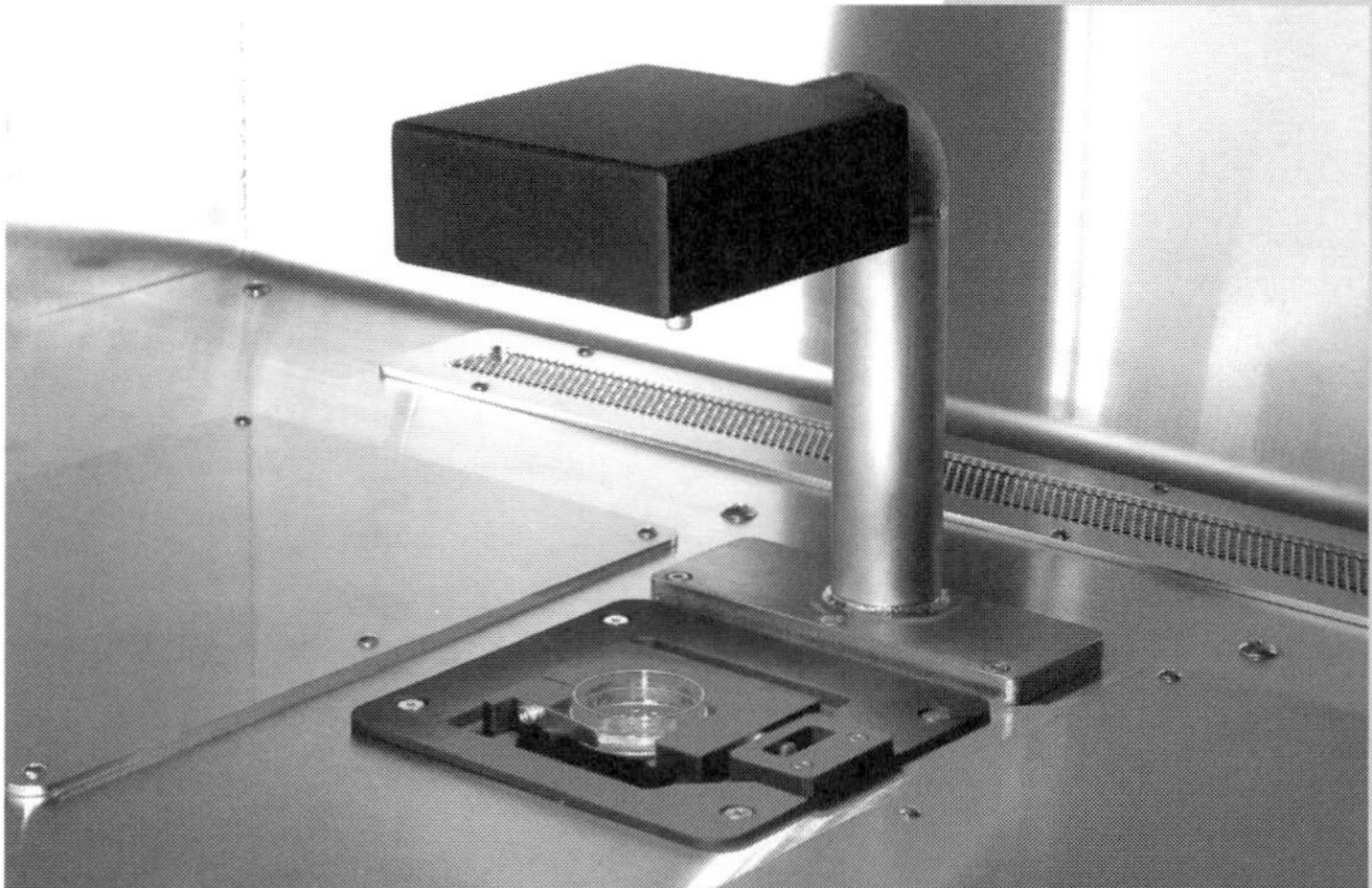

写真１　細胞プロセッシング装置はDeep Learningによる不要細胞の高速判別が行える

頼っていたレーザーの心臓部であるレーザー発振器を自社開発による内製化に切り替えたのをはじめ光学系、加工機、制御・ソフトウエア、加工技術という5大要素の内製化を実現した。業界でも数少ない一貫開発体制を敷き、国内外の顧客から厚い信頼が寄せられている。また、従来は不可能だった銅溶接を実現したレーザー加工装置、AI（人工知能）で判別する細胞プロセシング装置など様々な先端機能を備えた装置を生み出してきた。

◉二次電池検査装置で世界トップシェア

同社は片岡宏二社長が1968年に創業した。「電気に興味があった」「何か地元に貢献できるようなことをやりたい」との強い思いで、電子機器に不可欠な直流安定化電源をはじめマイコンやボードコンピューターといった先端機器を手がける片岡製作所を立ち上げた。

当時から技術力には定評があったが、実際は業績に直結したわけではない。片岡社長は「先端機器は競争が激しく、トップになりきれなかった」と振り返る。そこで導き出した結論は「ニッチ市場でトップを目指す」だった。成長分野であるITや環境、ナノテクノロジーをカテゴリーに定め、二次電池充放電検査装置やレーザー加工装置など現在に至る事業に特化し、その後の成功を確かにした。いまや「グローバルに」ニッチ市場でトップに躍り出ており、二次電池検査装置は電気自動車（E

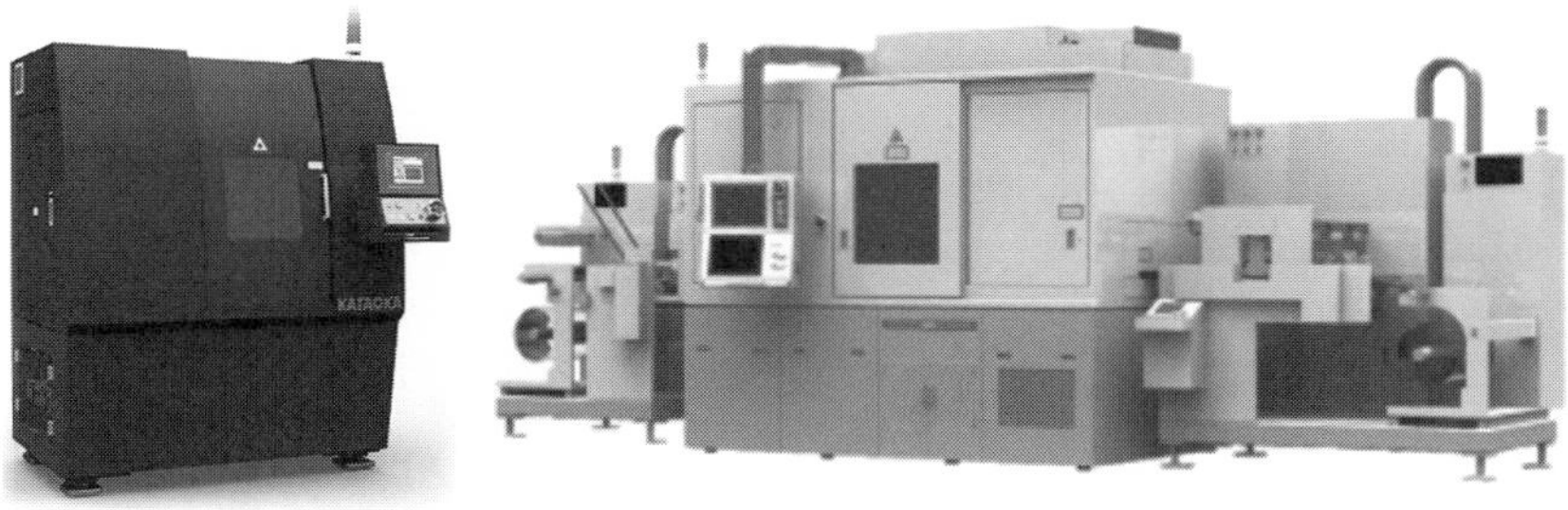

写真2　フィルム切断などが行えるレーザーパターニング装置（右）と
2種類の光学系を選択できるレーザー加工機（左）

Ｖ）など世界市場でグローバルスタンダードとなっている。
近年では２０２０年夏、横浜市に設立した「先端レーザ研究所」を生産や営業部門が集積する京都市南区の本社地区に移転し、さらに研究開発力を強化している。営業部隊が持つ市場に直結する情報やその情報を反映した製品開発・生産のスピードアップを目指してのこと。狙い通り開発スピードのアップとともに、より市場ニーズをきめ細かにとらえた開発が進んでいるという。

◉研究開発力と社是を重視

研究開発力とともに片岡社長が重視しているのが社是や経営方針だ。創業少し前、金融業界の先輩経営者から「経営者か町工場のオヤジか、なりたいのはどっちだ」と問われたことがあった。起業の目的は社会への貢献か、それとも自分の生活のためか、という問いかけだ。迷わず「経営者になりたい」と答えたという。

「企業は社会の公器」。社員を雇えば一生面倒を見る覚悟が必要、やりがいを持って働いてもらうには社員一人ひとりが夢を描き実現する、信念を持って働いてもらうようなサポートも、経営の責任として必要になると考えている。創業時にまとめた「我社は、誠実な

写真３　京都市南区にある久世工場

心を持って信頼される製品を生産し、社会に貢献すると共に、社業の恒久的発展をはかり、会社および株主・全従業員の繁栄を追求する」という社是には、片岡社長のそんな思いや固い決意が込められている。

社是や理念を社内遍く共有するの「ＫＭＳ（カタオカ・マネジメント・システム）活動」だ。そのひとつに年頭の基本方針発表会がある。基本方針は各部門の重点施策目標や社員の個人目標につながり、社長が社員との対話を繰り返しながら、大目標である社是実現を目指す。また、社員は常に社是や方針を記した冊子「カタオカブック」を携帯し、常に社是など確認でき理解を深めている。

２０２０年、世界のニッチ分野で勝ち抜く企業を評価する、経済産業省の「グローバルニッチトップ企業１００選」に選定されている。このほか２０１７年には「地域未来牽引企業」に選定されるなど高い評価を受けている。それに応えるように、今後も人や製品に積極的に投資していく構えだ。２０２３年には新本社ビル、24年には研修センター、続いて新工場を建設、併せて株式上場も照準に入れている。

２０１８年に創立50年の式典を世界遺産の二条城で行った。「働きがいある会社を目指す」とあらためて宣言、１００年企業をにらんだ「ネクスト50」に思いをはせる。

Profile

片岡宏二 *Kataoka Koji*

1968年に片岡製作所を創業。2012年に藍綬褒章を受章。いち早くレーザーに着目し世界企業に育て上げた。京都工業会副会長、京都経営者協会顧問（元副会長）など公職多数。2020年からは京都発明協会会長も務める。

会社DATA

株式会社片岡製作所
〒601-8203
京都市南区久世築山町140

設立
1968年

事業概要
レーザー装置など精密機器の製造販売

URL
http://www.kataoka-ss.co.jp

015

精密機器を梱包・搬送、丁寧さを追求

先代の教え守りながら、変えるべき所は変える

鹿野産業株式会社

創業 1960 年

代表取締役
森　庄平 氏

鹿野産業は木箱やパレットなど梱包資材の製造、輸送を行う。特に精密機械の梱包、搬送作業を長年手がけ、複雑な形状で不安定だったり、振動が性能に影響を与えやすかったりする装置を丁寧に梱包、搬送するノウハウを蓄積してきた。

同社を創業したのは森庄平社長のおじにあたる鹿野恒雄氏。京都市内で材木商を営んでいた鹿野家から独立して梱包を主事業とする鹿野商店を1960年に創業、67年に設立した。当初は同じ京都に立地する島津製作所が製造する精密機器を出荷する際に入れる木箱の注文を受けて製造する仕事がほとんど。その後も継続して島津製作所の仕事を中心とし、いまも島津の5工場に鹿野産業の社員約30人が常駐し、密接な関係を保っている。メーカーに常駐して、装置の仕様から学び、配送先や配送手段を考えながら最適な梱包資材、梱包方法を追求している。

写真１　京都市南区に構える本社工場

◉異色の経験経て、後継者に

創業者の鹿野恒雄氏には後継者となる子がいなかったため、甥である森社長には高校、大学時代から「鹿野産業の後を継がないか」と持ちかけられたことが何度もあったという。だが森社長は「自分で何らかの技術を身に付けて仕事をしたい」と考え、大学の医療・福祉マネジメント学科に学んでいたこともあり、カイロプラクティックの資格を取得して8年間同職に就いていた。一方で「経営もしてみたい」という思いが膨らみ、２０１３年に鹿野産業に入社した。

入社後は島津製作所の子会社に常駐し、油圧機器などの梱包を現場で学び、２０１５年に取締役となってからも主に現場作業をこなしながら関連する知識を習得した。

現場仕事をこなしながら、創業者が２０１８年に亡くなるまで様々な教えを聞く機会があった。鹿野恒雄氏は山本五十六氏の「常在戦場」という言葉が好きだった。「常に戦場にあるように、仕事にも常に緊張を持って取り組みなさい」と従業員の皆に説いていた。聞けば、かつて同社で新規の梱包の仕事で事故を起こしたことがあった。その経験から「一度事故を起こすと信用を失う」として「大きなミスにつながる小さなミスも無くすように、常に初心でやりなさい」と繰り返していたのだった。

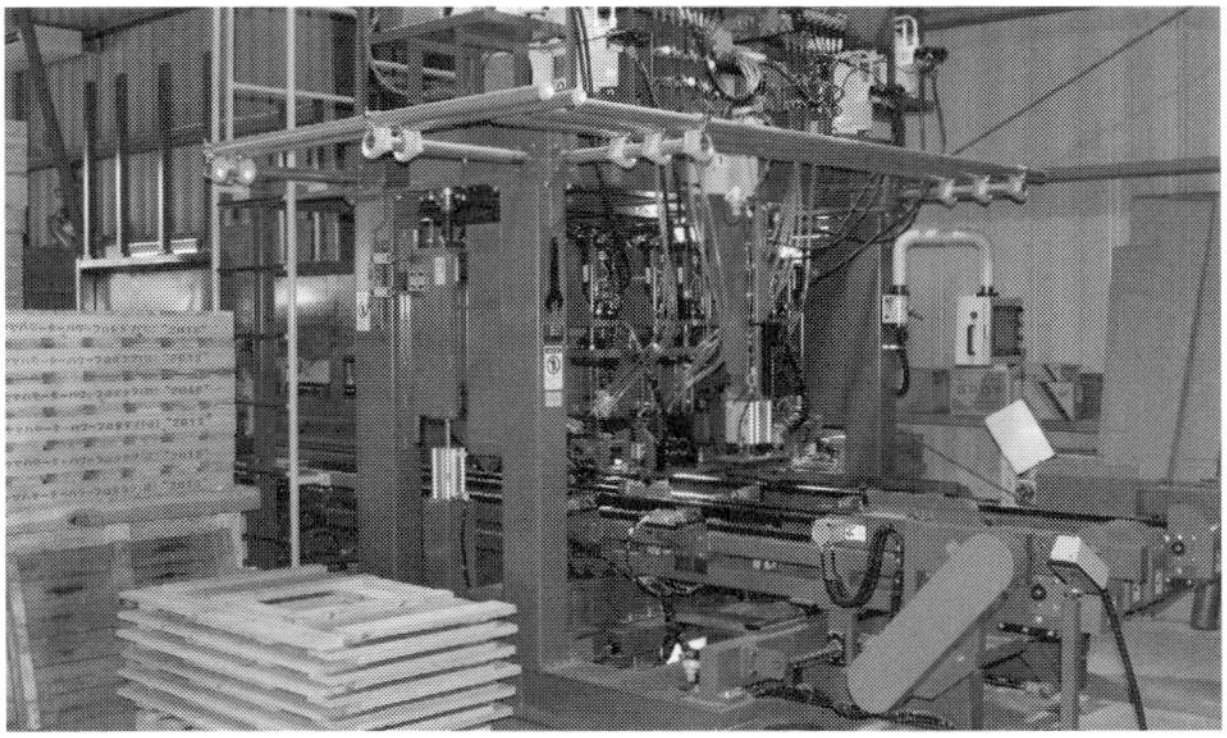

写真２　本社内で稼働するパレット自動打ち機

◉人材採用もにらみ、デジタル化進める

森社長は鹿野氏の言葉を、自分の中で解釈できる部分は展開してきた。ただ、すべてを先代の教え通りにするわけではなく、「自分とは違う部分もあるし、時代にそぐわない面もある」と自分流も打ち出している。

自分流の1つがデジタル化だ。同社は過去から受発注など取引先との通信手段はファクスなどで紙を基本に行ってきた。森社長は「もはやそんな時代ではない」として、10年、20年先をにらんで会社の基幹システムを変えることに乗り出した。新型コロナウイルス禍でテレワークが世の中に一気に普及した。「デジタルツールを使えば、いままでより一段階上の仕事ができるようになる」と現在をターニングポイントととらえている。

デジタル化には人材採用のために欠かせないという思いもある。2018年には会社のホームページを一新し、スマートフォンにも対応して若い人材にも同社の中身が伝わりやすくした。

◉京都のモノづくりを支えながら成長

森社長は京都に本拠を置く同社の将来像を「京都はモノづくりの町で

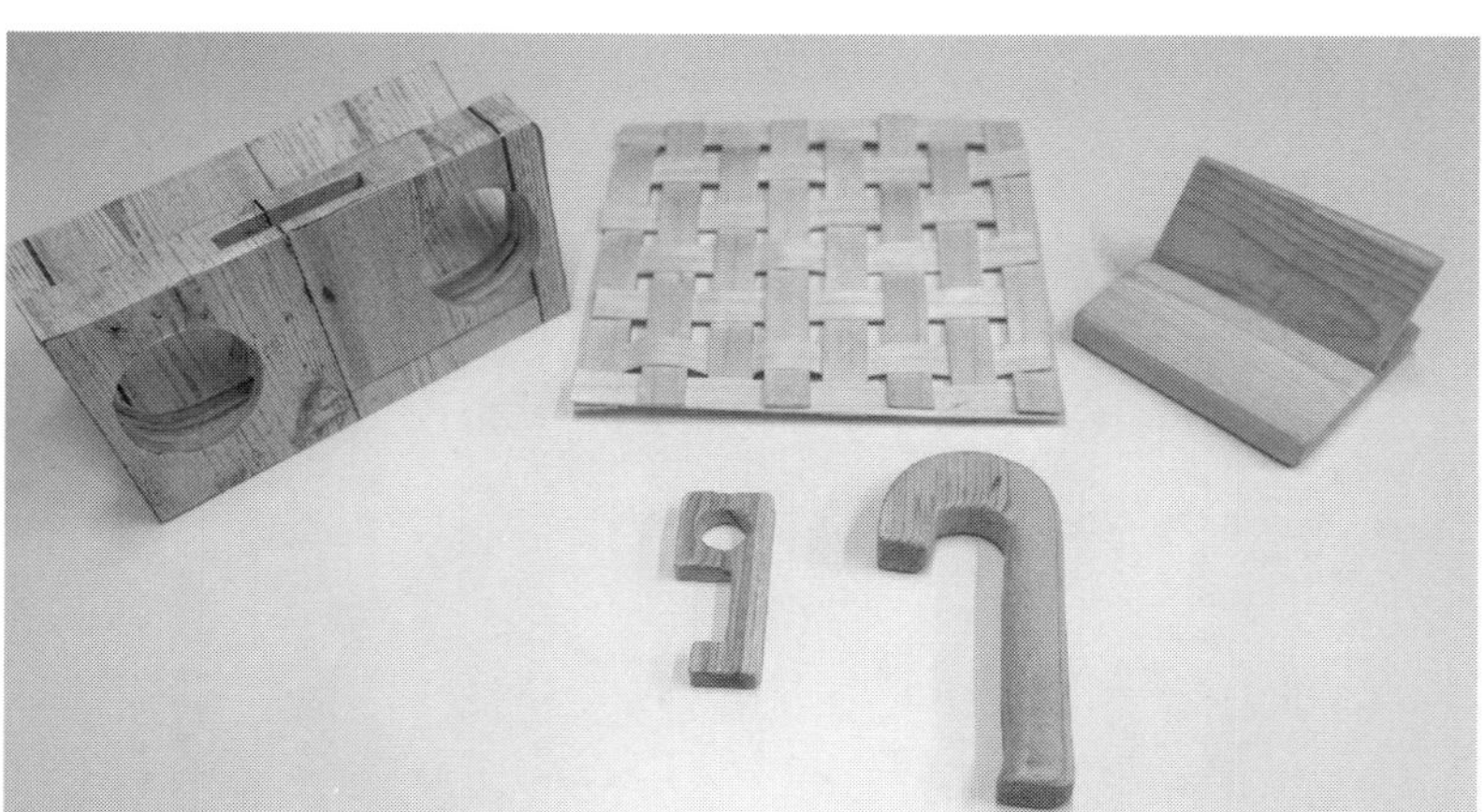

写真3　端材活用で社員が考案したウィズコロナ大作戦

もあり、それを支える企業として成長したい」と描く。創業以来の主要取引先である島津製作所向けの仕事は維持しつつ、「売上高に占める比率を下げていきたい」と語る。島津製作所向けの仕事は20年前には約60％を占めていたが、それ以外の取引先の仕事を増やすことで現在は約30％になった。ニッチな分野の梱包・搬送を手がける同業者は減少しており、鹿野産業はそれをチャンスととらえ、京都周辺にも営業範囲を広げながら取引先を拡大していく考えだ。

新たなビジネスのアイデアも生まれてきた。木箱を製造する際にはどうしても端材が出てしまう。「この端材を有効活用できないか」と社員にアイデアを募集したところ、木の風合いを生かした玩具販売という案が出てきた。「廃棄していた端材を活用でき、環境配慮につながるし、ＢｔｏＣ商品の創造で経営的にもプラスになる」とし、ネット販売に乗り出す。

アイデア募集には社員に「自分で考えてやってみる」体験をさせたいという森社長の思いがある。新型コロナウイルス感染が拡大している現在も、「ウィズコロナ大作戦」と銘打って、感染予防の観点から会社にあるものを使った作品アイデアを募集している。

Profile

森　庄平 *Mori Shohei*

大学卒業後、カイロプラクターを経て2013年、鹿野産業に入社。精密機器梱包の現場作業で梱包ノウハウを学ぶとともに、創業者の鹿野恒雄氏から同社経営の教えを受けた。2018年3月、鹿野恒雄氏の死去に伴い、社長に就任した。

会社DATA

鹿野産業株式会社
〒601-8176
京都市南区上鳥羽山ノ本町36

創業
1960年

事業概要
精密機器の輸出・国内梱包作業を中心とした梱包請負事業、自動車運送事業

URL
https://www.kano-sangyo.co.jp/

016

生産財のトータルサプライヤーへまい進

常に挑戦の姿勢で新たな業態を構築

株式会社 Kamogawa

設立 1949 年

代表取締役社長
三上　敦 氏

1949年に農業用の鎌や家庭用包丁を研ぐ砥石を扱う加茂川製砥として創業したKamogawaだが、いまや〝生産財のトータルサプライヤー〟として独自の地位を築く。そこには、常に立ち止まらず、新たな業態づくりに挑む社風があり、同社のDNAとして脈々と息づいている。

◉次代を見据えた変革の日々

現状に甘んじない姿勢が築かれたきっかけは創業時にさかのぼる。創業者である三上敦社長の父・求氏が、もともと古くからある砥石業者が立ち行かなくなり、その立て直しに抜擢された。ただ、一般的な砥石では将来が見通せないことから、工業用砥石への事業転換からスタートした。工業用砥石の商社として京都や滋賀

写真 1　1949 年の創業当時の社屋

ではトップランクになり、取引先も拡大。三上社長が就任した後も、さらなる成長を目指し扱い品目を機械工具全般に拡大した。

こうした経緯から、「常に次代を見すえ新たな市場を開発する風土があり、変革を続けている」と語る。挑戦する姿勢、まさにそれがＫａｍｏｇａｗａの個性でもある。それは工具商社ながら先んじて海外展開を行ったことにも見てとれる。三上社長は１９９１年に就任したが、当時は3期連続の減収減益と厳しい状況に置かれていた。しかも、商社は国内ビジネスでさまざまな制約があり、「どれだけ頑張ってもビジネスの幅が広がらない」ことを痛感した。その点、海外では自由に動けることが大きく、バブル崩壊後の１９９４年に中国進出を果たす。縁もゆかりもなかったが「中国しかチャンスがなく、好きとか嫌いとかいえる状況ではなかった」と振り返る。

その後、オリジナル商品の開発も手がけることになる。製造部門を設け、企画から開発まで自社で取り組んだ。それが「ＫＡＭＯＧ」「ギヤマン」として花開き、機械工具商社から生産財のトータルサプライヤーへと変貌する足がかりになった。海外進出とオリジナル商品開発を進めたバブル崩壊以降が同社にとって一番の激動期だった。その間、10億円の年商は１００億円に、従業員も20人程度から２００人に達するなど10倍もの成長を見た。挑戦し続けてきたことが数字となって表れた。

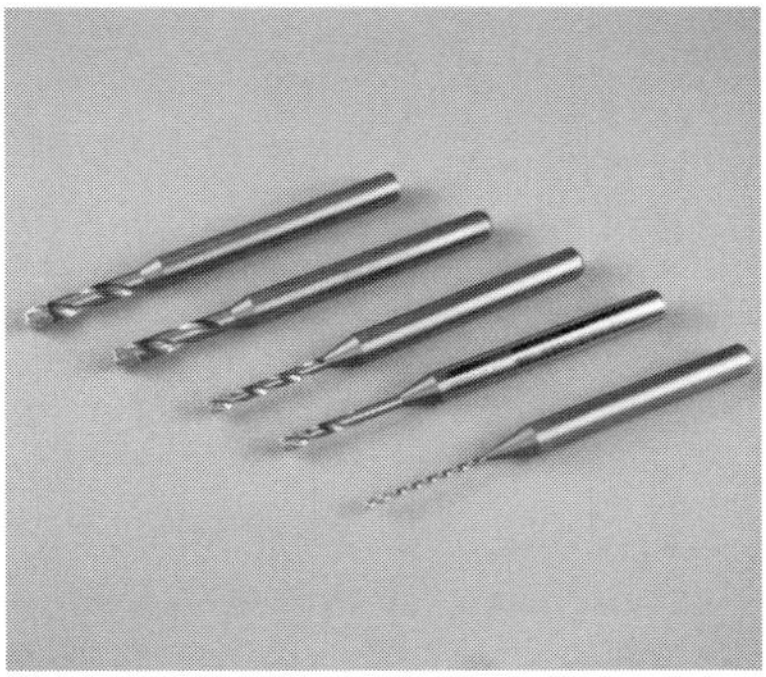
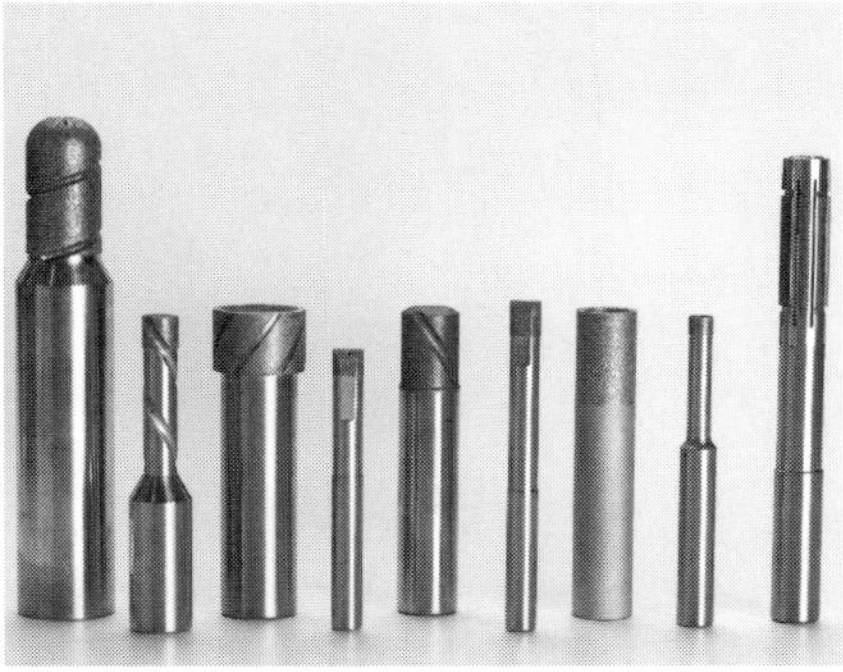

写真２　他社従来品に比し長寿命化した電着工具（右）とアクセラドリルミニ（左）

◉みんなで高め合う組織づくりへ

砥石商から工具商になり、海外進出を果たし、モノづくりにも携わる。ある意味、常識外れなことだがそれが実現できたのは、「従業員にやりがいが生まれたからにほかならない」と強調する。中国進出をはじめとした取り組みの成果を目の当たりにし、新しいことを自分で見つけ、それを形にできる土壌ができていたことに気づいた従業員が呼応し、1人、また1人と自分も何かに取り組みたいと手をあげ始めた。次へ向けての改革や商品開発なども、以前は三上社長が牽引役となっていたが、「いまでは全員で取り組むようになり、さらに加速している」ことに手応えをつかむ。従業員1人ひとりの行動が核分裂を起こして社内に拡散。「みんなで高め合う組織にしたい」という思いが結実した。

しかも、モノづくりに関わったことが従業員の技術レベルや知識向上に追い風となった。実際を理解しているため、相手の悩みもわかるし的確にアプローチできる。プラスαの営業力という武器も手に入れ、顧客からの信頼も勝ち得た。人材確保も、「やる気のある人間、組織の中で形をつくりたい人には恵まれた企業」と自負するだけに、こうした挑戦型の企業に興味を持つ学生の確保にも有利に働く。毎年着実に社員が採用できるがゆえ平均年齢が若い企業だけに、成長の余地は限りなく大きい。

写真3　ISO 9001：2015 認証取得の栗東ものづくり研究所

写真4　2018 年には地域未来牽引企業の認定を受けた

業態の変革はその社名の変遷にも表れている。加茂川製砥でスタートし、加茂川研磨機工、カモガワ、そして、Ｋａｍｏｇａｗａへ。業態が広がり社名をカタカナに変えたが、海外進出を機にアルファベット表記に改称している。三上社長は「企業の現状は社名が示す」としたうえで、「今後、業態が変わればまた変えるかもしれない」と語る。

◉従業員のやりがいが１００年への道筋

今後の成長戦略はこれまで同様、立ち止まらず前に進み、商社の殻を打ち破ってオンリーワンの業態をつくり上げていくことに尽きる。コロナ禍の中、２０２０年6月にＫａｍｏｇａｗａホールディングスを設立したのもその一環で、本社移転・拡大や滋賀事業所の拡充なども視野に入れる。この1年が「より大きな変革の時期に当たる」と、いよいよ三上社長が思い描く企業の姿、真の〝Ｋａｍｏｇａｗａスタイル〟構築に踏み出す。ただ、ここでも新しいことに取り組ませて従業員にやりがいを持たせることを忘れない。これこそが「１００年企業への道筋になる」からだ。

70年のときを経て、いまも、これからも挑戦は続く。１００周年を迎える２０４９年に、Ｋａｍｏｇａｗａがどんな姿になっているのか注目していきたい。

Profile

三上敦 *Mikami Atsushi*

1978 年、同志社大工卒。同年ノリタケカンパニーリミテドに入社。1980 年、加茂川研磨機工（現 Kamogawa）入社。1991 年に社長に就任し、現在に至る。

会社 DATA

株式会社 Kamogawa
〒 601-8424
京都市南区西九条川原城町 112

設立
1949 年

事業概要
生産財総合卸事業、PB 事業、リノベート事業

URL
http://www.kamog.co.jp

017

顧客第一主義でフォーマーの進化をリード

分社化でグループ内オープンイノベーション

株式会社阪村機械製作所

創業 1947 年

代表取締役社長
中野　孝之氏

阪村機械製作所は1947年、阪村芳一氏が線材加工機メーカーとして大阪で創業した。株式会社設立は1959年。以来、ボルト、ナットなどを製造するフォーマーと呼ばれる横型多段式鍛造機メーカーとして業界で確固たる地位を築いてきた。顧客第一主義の徹底で吸い上げたニーズを開発に反映し、革新的な技術を次々に実現してきた。

フォーマー周辺の付加価値向上を目指す姿勢は一貫して変わらない。顧客第一主義を念頭に、地域別、機械の設計製造、金型の設計製作、部品生産、サービスといった事業内容の違いによる分社化を進め、11社による阪村グループを形成している。

写真１　1960 年頃のフォーマーと創業者

◉創業者の信念を継承

現社長・中野孝之氏は1978年に入社した。当時のフォーマーはおもにボルト・ナットなどの締結部品の生産に寄与していたが、冷間鍛造の金型、オイル、材料の進化も加わり、その後は自動車部品の生産へと拡大している。中でも、エンジン系の点火プラグ部品製造においては、国内では当時より阪村フォーマーが使用されている。自動車産業が発展する中、多様性を持つフォーマーとして、ボルト状の長軸部品、ナット状のパーツの双方に対応できるロングパーツフォーマーも開発した。そして、フォーマーでは多くの種類のパーツが生産できることから、同社では段取り替え時間を短縮する「QTC（クイックツールチェンジ）システム」を世界に先駆け提唱、実証してきた。フォーマーで生産できるパーツは、やがてトランスミッションを構成する大型部品にも広がり、その生産のために同社はフォーマーの大型化にも取り組んできた。

それらは、国内だけでなく海外でも認められ、創業者の阪村芳一氏は毎年数回海外を訪れ、視察、調査を行いつつ技術交流を深め、ニーズをくみ取り、欧米の老舗メーカーの先を行くフォーマーを製造してきた。中野社長は幾度となく創業者に同行して海外の業界を視察、また国内客先にも同行する中で、ユーザーニーズを基軸とし、お客様に貢献する創業者の信念を学んできた。

写真 2　IF-230-7+Servo 型サーボフォーマー

◉顧客の製造現場が開発のヒント

創業者が定めた経営理念は「顧客第一主義に徹し、パフォーマンスナンバーワンの塑性加工技術とサービスを追求する」。フォーマーそのものやフォーマー周辺の新技術を開発し、付加価値を高め、かかわる作業者が苦労している部分を解決したいという強い思いが込められている。顧客第一主義にこだわり、フォーマーを納入した後のサービスに力を入れ、現場の情報を吸い上げ、開発に反映する「顧客現場から開発に戻る」を基本的な考えとしている。

同社が分社化を進めたのも理念にもとづいている。フォーマー製造5社、フォーマーを用いて冷間・熱間鍛造パーツを製造する2社、金型の設計・製造を行う2社、サービス・コンサルティングの3社の計11社（一部重複）でグループを構成する。この中でパーツ製造はフォーマーのユーザーと競合することになり、当初はユーザーから反発を招いたこともあった。だが、創業者には「フォーマーによる製造現場を見なければ、良いフォーマーはつくれない」という強い信念があった。生前はパーツを製造する阪村産業をとりわけ大切にし、常に現場を見ていた。

写真３　研究開発を進めている打痕傷防止ライン

◉お客さま視点で考える

自動車業界向けが約6割を占める同社にとって、いま最も注視することは自動車のEV（電気自動車）化のスピードだ。EV化による自動車部品の激減により、これまで需要のあった基幹部品も不要になるが、その変化のスピードが速まるのではないかと見ている。フォーマーも自動車部品の需要変化によって大きく影響を受けるが、中野社長は「（フォーマーで製造する）ボルト、ナットなどの締結部品はEV化が進んでもなくならない」と信じている。熱間フォーマーで製造するベアリングや自動車以外の締結部品も含め、「フォーマーの需要がなくなることはない」と考えている。

中野社長は創業者・阪村芳一氏の経営理念・哲学を継承し、将来像を描く。「フォーマーは完全な受注生産で、顧客のニーズでしか作れないが、ニーズを動かすこともできる」という考えのもとに、「迷った時にはお客さま視点で考えよう」と社員にも徹底し、すべての顧客とのやりとりで良いフォーマーを作り上げていくオープンイノベーションを実践する。阪村グループ内でも完結できる環境にあることからミニ・オープンイノベーションでパフォーマンスナンバーワンを実現する。

Profile

中野孝之 *Nakano Takayuki*

1978年、阪村機械製作所に入社。1999年に創業者の阪村芳一氏から社長を引き継いだ。三重県出身、65歳。

会社DATA

株式会社阪村機械製作所
〒613-0035
京都府久世郡久御山町下津屋富ノ城46

創業
1947年

事業概要
冷間フォーマー、温間フォーマー、熱間フォーマー、ロータリー式ねじ転造機、金型の設計・製造・販売

URL
https://www.sakamura.org/

018

自由闊達な社風が生み出す機能性樹脂

xEV キャパシタ用封止材で世界需要を席捲

サンユレック株式会社

創業 1958 年

代表取締役社長
永井　孝一良 氏

サンユレックは合成樹脂や機能性樹脂の開発・製造・販売を手がける。主力の家電製品や自動車向け封止材は、電子基板や半導体部品などの周囲を樹脂で満たすようにして覆い、絶縁・防水などの機能を果たす。建設・工業向けにはコンクリート防食、接着、補修の機能を持つ材料もそろえる。大阪府高槻市の本社工場を中心に、海外は中国、マレーシアに工場を置き、韓国でも技術提携先が事業を展開しており、ハイブリッド車（ＨＥＶ）用キャパシタの封止材は、世界需要を席捲している。専門分野に資源を集中し、経営判断が速く、顧客の求める材料を小回り良く開発、生産できるのが強みだ。

永井孝一良社長は「性能の高い材料を、品質を維持しながら供給

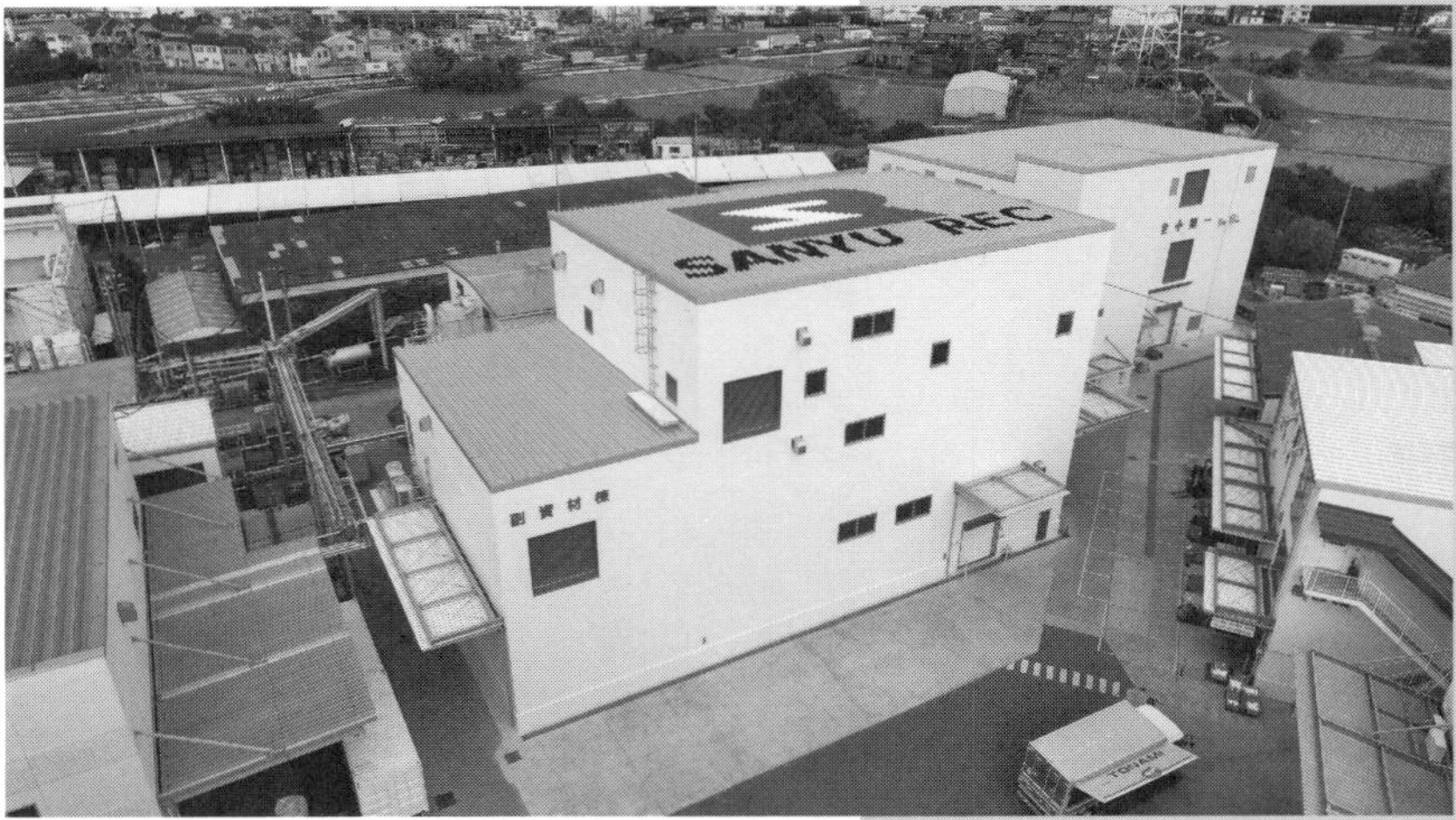

写真１　2020 年に副資材棟を完成した本社工場の再編を完了した

し、顧客企業との間に信頼関係を築いてきたため、新たな開発案件はすぐに相談が寄せられる」と胸を張る。社内でも常に新しい開発テーマに取り組み、積極的に提案営業して市場を広げてきた。社風について久永直克常務は、「明るく自由闊達」と表現する。所英記電子材料事業部長も「経営層に対して現場がやりたいことを物怖じせずに提言できる」と風通しの良さを強調する。

◉ウレタン樹脂封止材のパイオニアに

サンユレックの創業は1958年。石油製品などを販売する当時親会社であった三油興業が、欧州の石油会社からエポキシ樹脂を輸入する際、樹脂配合の工場を設立したのが始まりだ。エポキシ樹脂は建築用接着剤から家電向け電子部品へと市場が広がり、サンユレックの前身企業である「サンユレジン」も、エポキシ樹脂を使ったブラウン管テレビのトランス用封止材などを製造・販売して事業を拡大した。1985年頃には、他社に先駆けて製品化したウレタン樹脂製の封止材が大手電機メーカーの白物家電に採用された。ウレタン樹脂は当初、米国企業からの技術導入を試みたが、最終的に材料メーカーの協力を得て自社で開発した。開発したウレタン封止

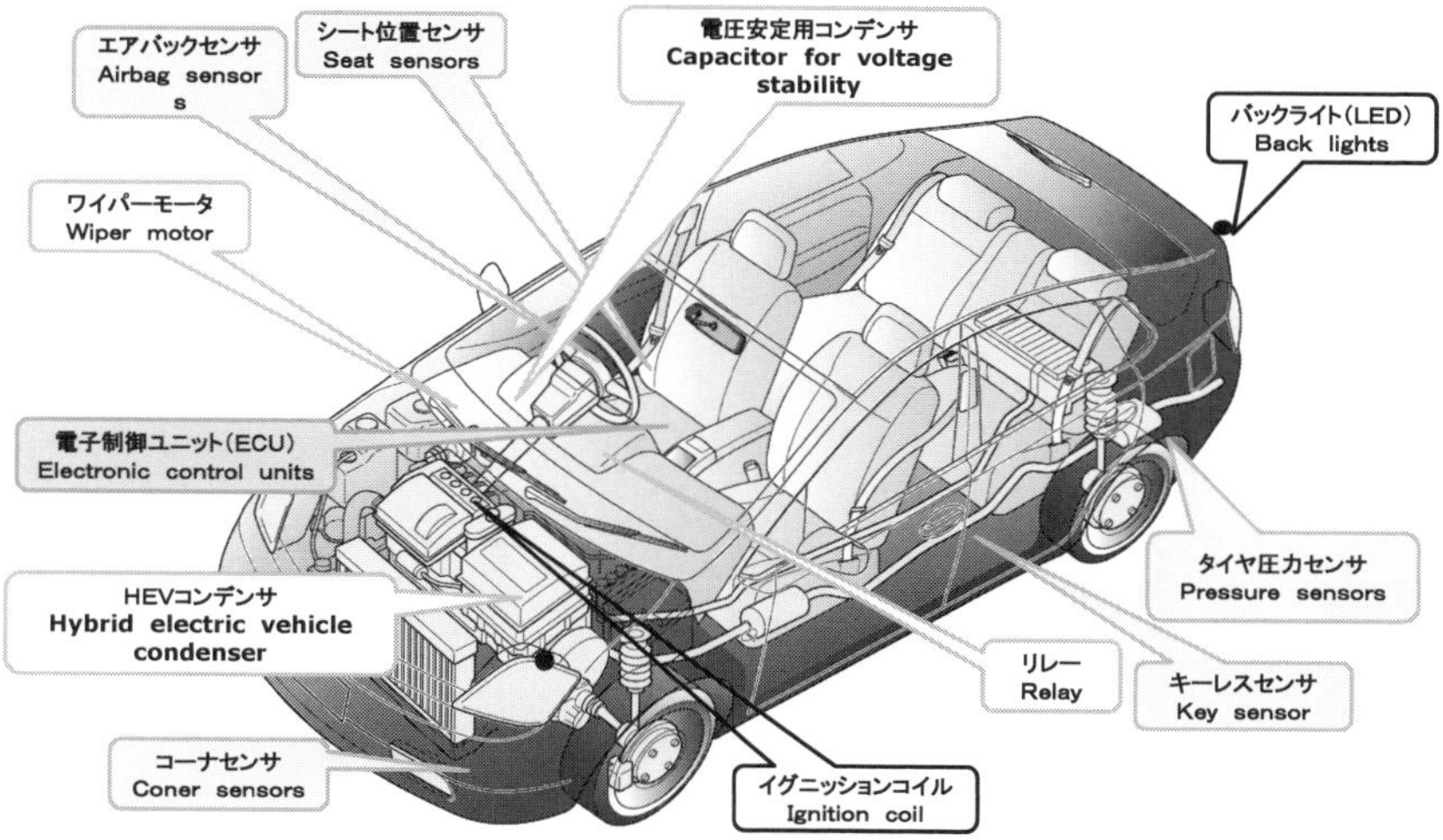

写真2　サンユレック製品の車載部品への採用実績

材は、当時主流だったコーティング樹脂に代わる業界の標準製品となり、その性能の高さから、洗濯機や温水洗浄便座、給湯器などに採用が広がった。ウレタン封止材のパイオニア的存在となったサンユレジンはここで、研究開発型企業としての基礎をつくり、合成樹脂・機能性樹脂メーカーとして、さらに事業を発展させた。

2001年には日本レックと合併し、現在の「サンユレック」となる。かねてより日本レックが手がけていた無線モジュールなど半導体向け封止材の需要が03年頃から大きくなり、また後のスマートフォン登場が相まって急増したことで事業を広げ、自動車向けまで手がける現在の姿に成長した。2018年にはサンユホールディングスという持ち株会社(ホールディングス)体制をスタートし、サンユレックは4つある事業会社の中核会社の位置づけとなっている。

◉自動車・5G・海外が成長けん引

サンユレックは2020年3月期に海外子会社を含めた売上高約110億円を、2023年同期に150億円まで引き上げる計画を掲げる。成長をけん引するのは、CASE(コネクティッド、自動運転、シェアリング、電動化)と呼ばれるような100年に一度の大変革期を迎えた自動車向けの製品だ。永井社長は「ガソリン車から電気自動車(EV)に代わることによりさらなる電装化が進み、電装部品が増加する。また自動運転に伴って各分野の成長の機会が増える」と見通す。加えて、モノのインターネット(IoT)技術の

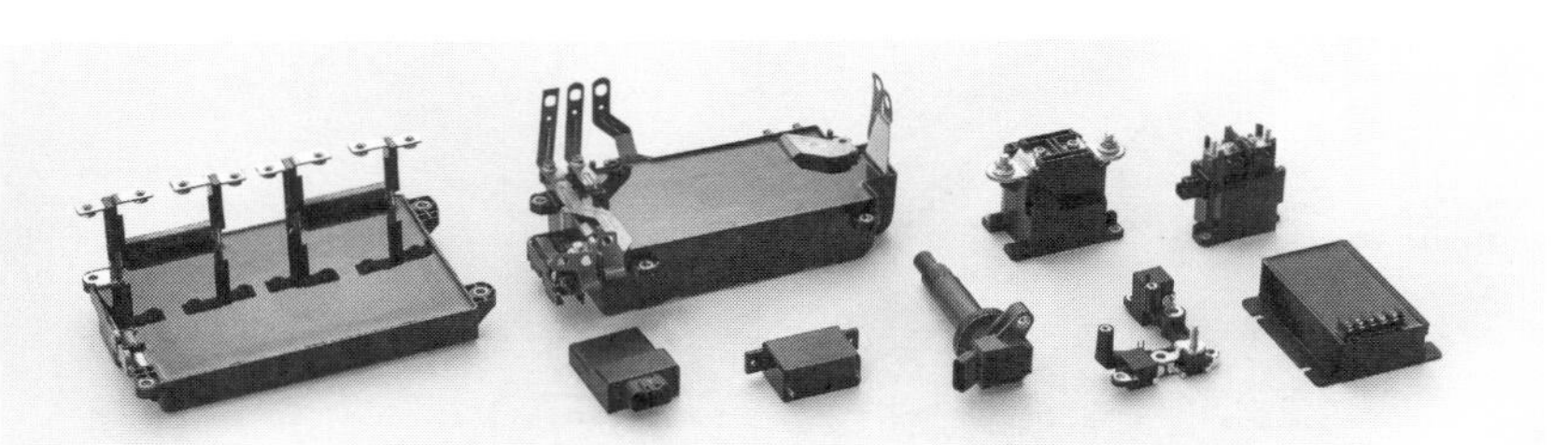

写真3　車載向けに封止材を充填した電子部品

普及や工場・農業の省人化が進めば、高速・低遅延の第5世代通信（５Ｇ）のような通信機器、センサーの需要も拡大し、機能性樹脂の役割はますます重要になる。この成長の機会を見すえ、国内では約4年にわたる本社工場の再編投資を２０２０年に完了した。同工場は生産量を増やすのに加え、工場や倉庫の自動化設備や新基幹システムを活用し、生産効率と品質管理の精度も向上した。自動車産業の国際品質規格「ＩＡＴＦ１６９４９」認証も取得しており、これを中国やマレーシアなどの拠点にも広げ、自動車事業拡大の足場とする考えだ。

海外では、環境規制が厳しく、先端技術がいち早く取り入れられる欧州で、２０２２年までに生産拠点を確保する。５Ｇ対応の次世代製品も投入し、事業拡大に弾みを付ける。ＥＶ最大市場の中国でも、新たな生産拠点の開設について検討を始めた。サンユレックの売上高海外比率は現在40％程度だが、永井社長は「今後の成長は海外事業がけん引していく」と話す。ただ、そのためには、グローバルビジネスに対応できる社員の育成など、課題もある。サンユレックは現在も生え抜き社員が幹部となって経営に携わっており、永井社長も「若手に自覚を持って成長してもらい、良いバトンタッチを進めたい」と激励する。ウレタン封止材に続く新たな収益製品の開発にも期待しており、「次世代の事業と人材には積極的に投資し、企業の持続的な成長につなげていく」との考えだ。

Profile

永井孝一良 *Nagai Koichiro*

1986年サンユレジン（現サンユレック）に入社。技術者として半導体用樹脂材料の開発などに携わり、同材料事業の営業グループ長や事業部長を歴任した。アジアや米国など海外でのビジネス経験も豊富で、海外本部長として海外工場の統括責任者も務めた。車載・家電向け材料事業のトップを経て、2019年に社長に就いた。

会社DATA

サンユレック株式会社

〒569-8558

大阪府高槻市道鵜町3丁目5番1号

創業

1958年（1963年設立）

事業概要

事業概要：電子部品封止材などの合成樹脂や機能性樹脂の研究・開発・製造

URL

https://www.sanyu-rec.jp/

019

世界の歯科医療の発展に技術で貢献

創立98年の人工歯の国内トップメーカー

株式会社松風

創立1922年

代表取締役社長
根來　紀行氏

松風は、歯科医師や歯科技工士が扱う歯科材料・機器のグローバルメーカー。1922年の設立以来、国内トップシェアを誇る人工歯にはじまり研削材などの歯科材料や機器全般へと事業領域を拡大してきた。

これまでの歩みの中では、日本初の光重合型コンポジットレジン「松風ライトフィル」や国産初の硬質レジン歯「エンデュラ」など、数多くの世界初、日本初の製品を開発し、歯科医療の発展を技術面で支えている。2009年に社長に就任した根來紀行社長は、「連結売上高500億円を早期に達成するため、いまどうあるべきかを意識し取り組む」とし、改革を断行する。

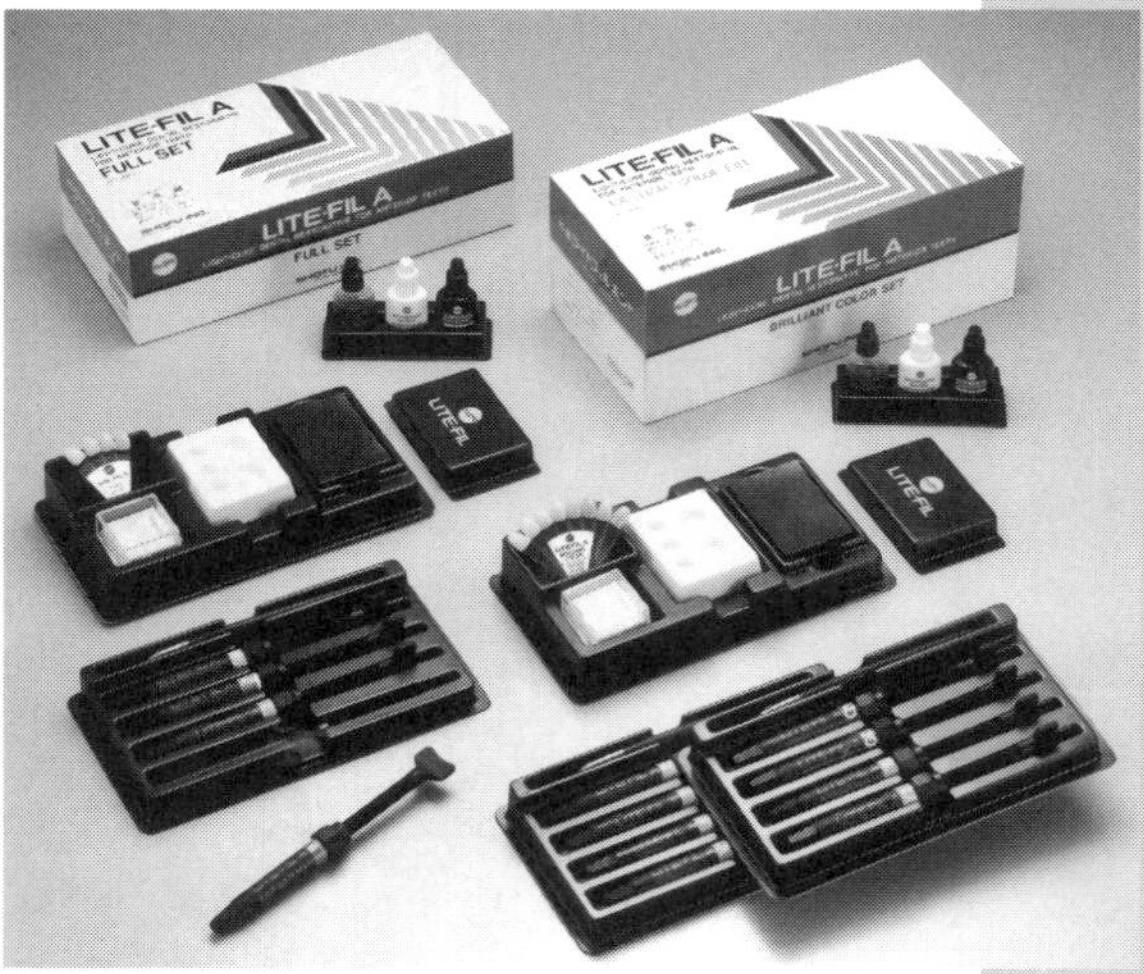

写真1　日本初の光重合型コンポジットレジン「松風ライトフィル」

根來社長は1981年の入社から28年間、研究開発に打ち込んできた。大学では化学を専攻。高分子や有機合成を学んだが、入社後は新製品開発に取り組むことができる環境や開発品が世の中に出ることに喜びを感じた。長くう蝕治療に用いられてきた合金（アマルガム）に代わる光重合型コンポジットレジン「松風ライトフィル」や、患者それぞれの歯の色調を簡単に再現できる光重合型歯冠用硬質レジン「ソリデックス」など多くの製品開発に携わった。研究開発一筋だった中での社長就任。打診された時は「『技術の松風』のトップとしての重責に身が引き締まる思いであった」と振り返る。

◉14倍の海外市場取り込む

社長就任後、最初に着手したのは経営理念にもとづいた事業の推進だ。「創造的な企業活動を通じて世界の歯科医療に貢献する」の経営理念に対し、2009年当時のデンタル事業の海外売上高比率は25・7％。人口減少などでシュリンクする国内市場に比べ「14倍の市場があると見る」（根來社長）海外需要を取り込めていなかった。

その原因の1つは、毎年売上高実績に新製品発売予測をプラスして立てる〝積み上げ方式〟の目標設定であった。積み上げ式ではな

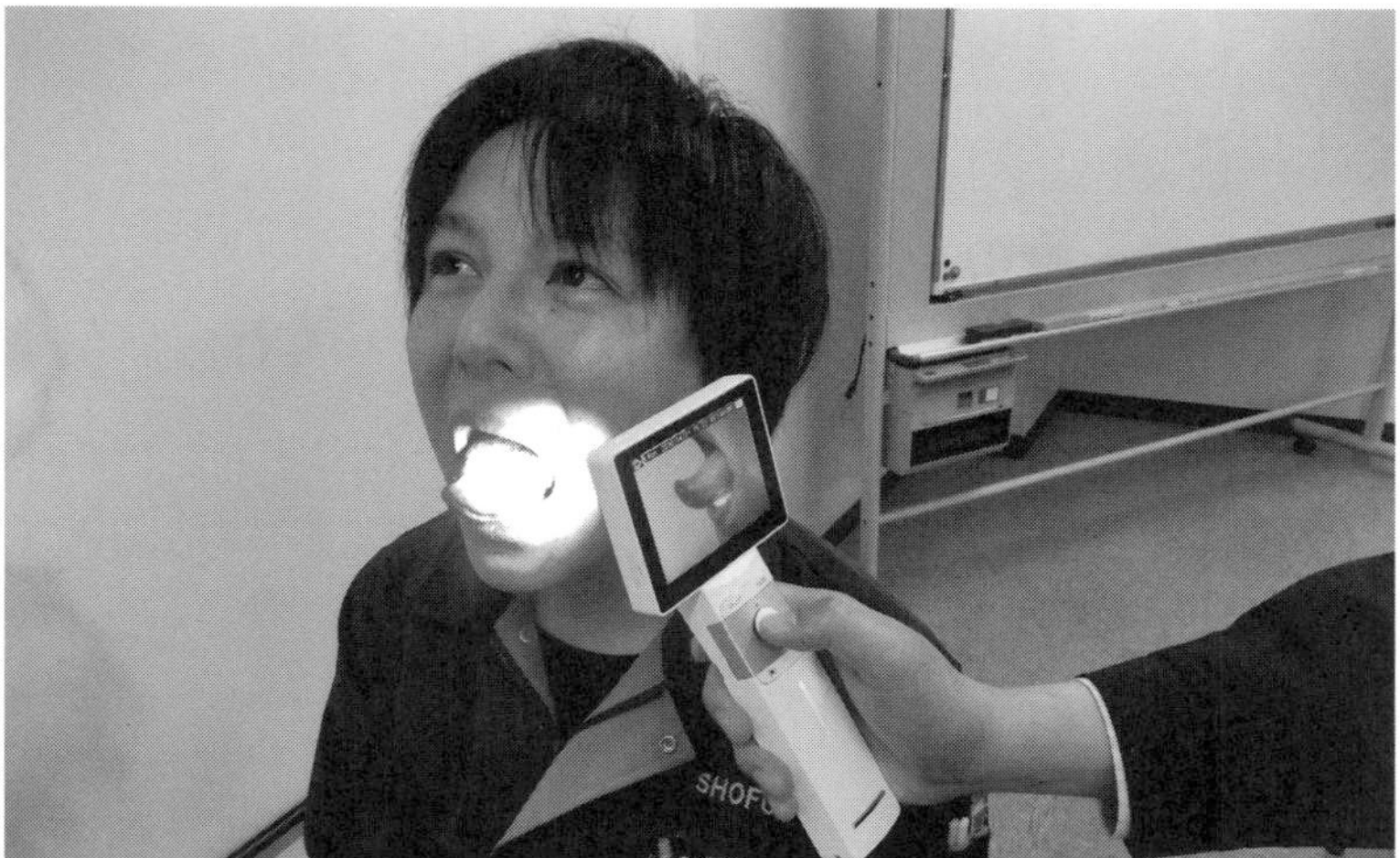

写真2　「イルミスキャンⅡ」での診察イメージ
口腔内疾病の予防・治療領域にも積極的に機器を訴求

く、「連結売上高500億円構想」達成のため、いま何をすべきかを明確にし、取り組む方針に変えた。

1971年の米国を皮切りに、ドイツ、シンガポール、中国など、海外販売拠点の進出は比較的早かったが、ここをさらに強化。欧州市場での事業拡大を図るべく、2015年にはドイツの人工歯メーカーのメルツ・デンタルを子会社化。また、歯科材料の販売には各国の医療機器規制に対応する必要があり、申請から承認まで数年を要する場合がある。中南米市場での承認手続きをスムーズにするため、14年にはメキシコに、17年にはブラジルとインドに販売子会社を設立した。

生産拠点の拡大も進める。19年にメルツ・デンタルの工場を拡張したほか、人口拡大が見込まれる新興国の需要に対応するため、21年にはベトナムで新工場が稼働する。12年に東京証券取引所市場第一部に株式上場。優秀な技術者獲得にも力を注ぐ。

診断や治療に使う歯科用医療機器の開発にも注力している。口唇閉鎖力測定器「りっぷるくん」は、口輪筋の弱い口唇閉鎖不全症患者などに使われている。歯科診断用口腔内カメラ「イルミスキャンⅡ」は、舌がん手術に用いる口腔粘膜蛍光観察機器として保険適用

写真3　「連結売上高500億円構想」達成戦略の一環で新設するベトナム新工場（パース）

を受けた。口腔内疾病の予防・診査診断領域にも積極的に機器を訴求していく。

◉変わる環境　理念貫く

社長就任から11年。根來社長が「目指す方向性は間違っていなかった。あとはスピード」というように、断行した経営戦略が奏功している。2019年3月期のデンタル事業の海外売上高比率は46・6％まで伸長、海外売上高比率全体では09年3月期比で約2・9倍の112億9500万円まで伸びた。20年に世界的に流行した新型コロナウイルス感染症拡大で、一時的に外部環境は悪い。しかし、来るべき回復期に向け取り組みをまい進する。

20年にはドイツ・デュッセルドルフの販売拠点を自社ビル化した。欧州事業の基幹拠点とする。歯科医師の技術水準が高まっているロシアへの販売拠点進出も模索する。国土が広いため販売代理店を固定しないなどの戦略で広く製品を普及させる狙いだ。

22年に創立100周年を迎える同社。外部環境は日々変化するが技術で世界の歯科医療に貢献する、という変わらない企業理念が、同社の長寿の秘訣といえそうだ。

Profile

根來紀行 *Negoro Noriyuki*

1981年、当社入社。研究開発部で、当社の代表製品である光重合型コンポジットレジン「松風ライトフィル」や光重合型歯冠用硬質レジン「ソリデックス」などの開発に従事。2009年より社長就任。2012年に「500億円構想」を打ち出し、積極的な経営戦略のもと更なる成長へと導く。座右の銘は「為せば成る、為さねば成らぬ何事も、成らぬは人の為さぬなりけり」。

会社DATA

株式会社松風
〒605-0983
京都市東山区福稲上高松町11

創立
1922年5月15日

事業概要
歯科材料および歯科用機器の製造・販売

URL
https://www.shofu.co.jp/

020

プラスチック素材の「つなぐ」製品で存在感

ODM・OEM事業にも力

ジョプラックス株式会社

創業1962年

代表取締役社長
今堀　勇一氏

ジョプラックスは「つなぐ」を事業テーマにすえ、ジョイント（継手）技術と流体制御技術を駆使し、多様なプラスチック素材の製品開発で存在感を見せる。プラスチック製の流体継手と、空気の噴射で加工物の付着ゴミを除去するプラスチック製のエアダスターが主力製品だ。水栓と浄水器をつなぐ継手は国内シェアでトップクラスを誇る。

プラスチック製品のODM（相手先ブランドによる設計・生産）・OEM（相手先ブランド生産）事業にも力を入れ、浄水器などを製品化し顧客から評価を得る。国内2工場に加え中国浙江省に自社工場を構え、グローバル化も推進する。

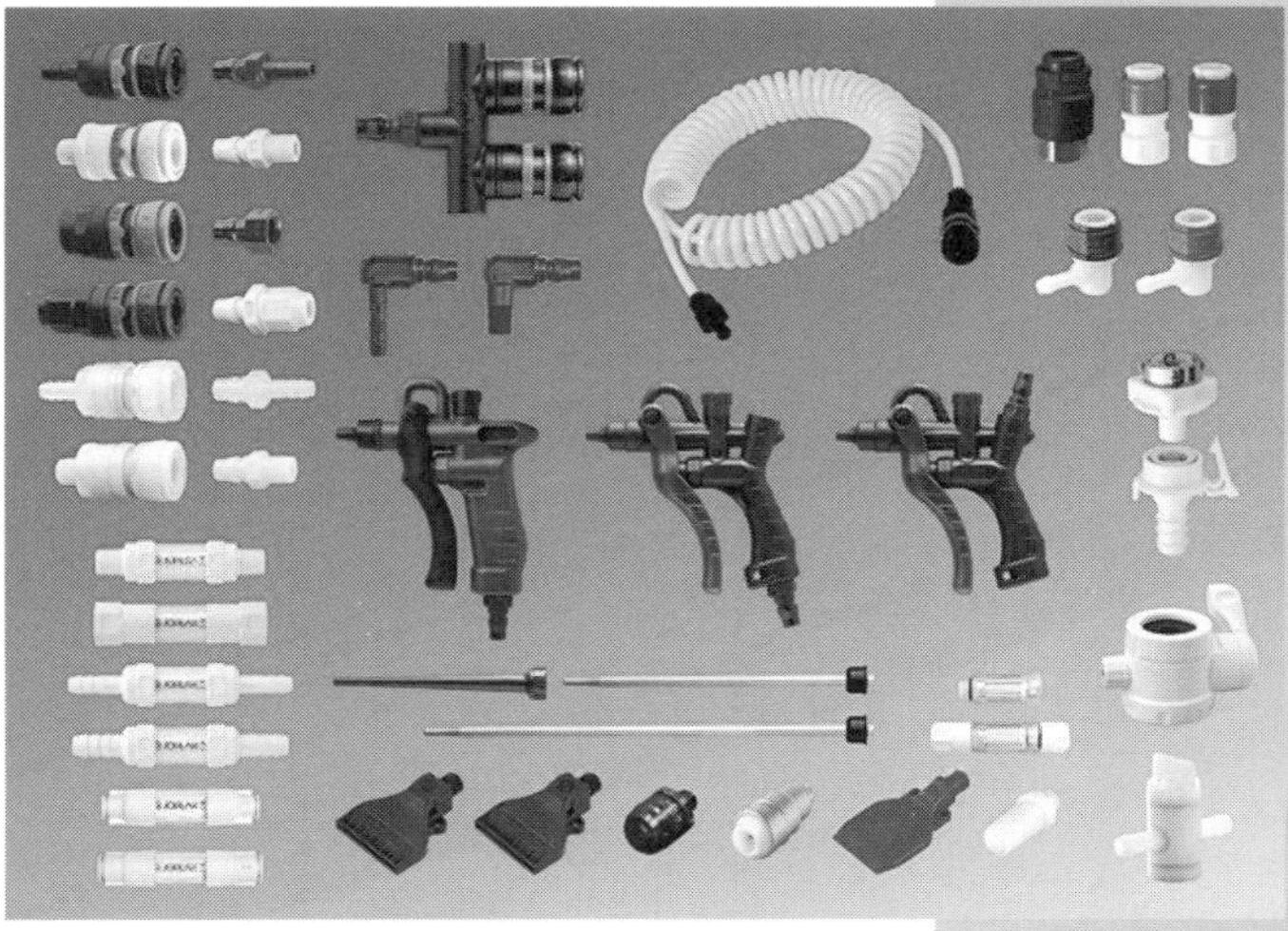

写真1　製品群の写真

◉創業者の出身地に事業拠点を構える

現在の今堀勇一社長の祖父が、大阪府守口市で弱電部品を製造する会社を１９６２年に創業したのが始まり。創業者はアイデアマンで、２年目に同社のつなぐ製品の源流となる、全自動洗濯機用ワンタッチジョイントを開発した。水道蛇口と洗濯機のホースの接続を既存のバンド留めからワンタッチでつなぐ機構に変えた。同製品は家電各社に採用されるヒット商品になった。70～80年代にかけ、プラスチック製流体継手「ジョプラ」や浄水器用切換コック、人工透析用Ｌ型ジョプラなどを相次いで開発し、プラスチックジョイント専門メーカーへの道を突き進んだ。ジョプラを販売するツールとして、プラスチック製エアダスター「ジョプラスター」も89年に開発。軽量化が図れ、女性作業者も使いやすいと自動車業界や食品業界など多くの現場で受け入れられた。自社商品以外にプラスチック製品のＯＤＭ・ＯＥＭ事業も拡充。特に設計から関わるＯＤＭを基本とし、請け負う浄水器関連の製品などが評価され、約40社の顧客開拓に結びつけている。

本社および国内の生産拠点は大阪府郊外の交野市に構える。創業30周年を迎えた92年、２代目の今堀均会長は創業者が生まれ育った思い入れのある地・交野市に本社工場を建設し、２００１年には隣接地に交野工場を増設し生産拠点を集約した。現在、本社は開発・管理・営業機能をおもに担い、交野工場が主力生産拠

写真３　交野工場の生産現場

写真２　ショールームも構える本社屋

点だ。工場では独自の生産システムを構築して工程を見える化、人員を最適配置した多品種少量生産を行う。「次工程はお客さま」を掲げる現場ではカイゼン活動を通じて品質レベルを高めている。

設備投資も積極的だ。不良品検査を行うX線透視装置や耐久性を見る検査機などをそろえ、製品の検査体制を拡充。製品開発のスピードアップにつなげる3Dプリンターの購入や、医療機器向け製品の生産を行うためにクリーンブースも本社に導入した。

自社商品の開発を強化し、20年末時点で商品アイテム数は約250点に及ぶ。本社2階には同社の製品群を紹介するショールームも設置。「現在、自社商品事業とODM・OEM事業の売上高構成比は3対7。これを25年には半々にしたい」（今堀社長）とする。国内市場が成熟する中、力を入れる海外事業は1995年に進出した中国をベースに展開。中国は日系メーカー向けの洗濯機部品の生産で始動したが、住宅設備や浄水器の組み立てなど幅を広げ、製品設計も行う体制を築く。今後は東南アジアなどへの販路拡大も進める。

◉ES100%、CS100%を目指す

3代目の今堀社長は1997年に入社。入社後は生産現場に始ま

写真4　医療機器向け製品の生産を行うクリーンブース

り、管理、営業、海外事業と幅広い経験を積み、２０１７年に41歳で社長に就任した。現会長の父からは「長く継続できる企業を目指してほしい」と長寿企業への道を託された。同社のアイデンティティーである「つなぐ」事業を継承しつつ、社是「社会文化の創造」や経営理念「探究心を持って『モノづくり』に取り組み、感動を生み出す提案企業として社会貢献する」を新しく制定した。

21年1月から3カ年の新中期計画が始動した。中計は「ネクストチャレンジ」と銘打ち3つのテーマを掲げる。働きやすい環境を構築するＥＳ（従業員満足度）１００％、顧客重視の経営を進めるＣＳ（顧客満足度）１００％、そして提供する製品でクレームゼロの実現を、それぞれ目指す。「20年は予測もしない新型コロナウイルスに見舞われた。新中計ではＳＤＧｓへの取り組み、市場環境の変化に対応した競争力ある製品・サービスを提供し中計実現につなげたい」（今堀社長）とする。環境に配慮した素材を使う製品の開発なども推進する。

「『つなぐ』はわれわれの会社のテーマとして今後も変わらない。探究心をもってモノづくりを行い、つくった製品でお客さんに感動してもらいたい」。今堀社長は今後の方向性をきっぱり語る。

Profile

今堀勇一 *Imahori Yuichi*

1997年、ジョプラックス入社。製造や管理、営業など幅広く経験。2010年から3年間、中国で工場責任者を務める。13年に専務。17年に社長に就任する。

会社DATA

ジョプラックス株式会社
〒576-0017
大阪府交野市星田北1-27-10

創業
1962年

事業概要
ジョイント関連製品や浄水器関連製品の製造・販売、ODM・OEMでプラスチック製品の開発

URL
http://www.joplax.co.jp

021

半導体技術の発展に幅広いソリューションで寄与

創業152年・半導体洗浄装置の首位メーカー

株式会社SCREENホールディングス

創業1868年

取締役社長
最高経営責任者（CEO）
廣江　敏朗氏

ＳＣＲＥＥＮホールディングスは、１８６８年創業の石田旭山印刷所の研究開発部門が独立してできた産業用機器メーカー。初の国産化に成功した写真製版用ガラススクリーンで培った技術を生かし、印刷機器や半導体製造装置、ディスプレー製造装置、プリント基板関連機器事業を展開。海外売上高比率が全体の7割を超える世界的企業に成長した。半導体洗浄装置は世界シェアトップを誇る。

２０２４年3月期までの中期経営計画で自社を「ソリューションクリエーター」と位置づけ、装置売り切り型ビジネスからの脱却を目指している。第5世代通信（５Ｇ）デバイスの普及やリモートワークの進展などで関連装置の引き合いは堅調。それでも、「自ら能動

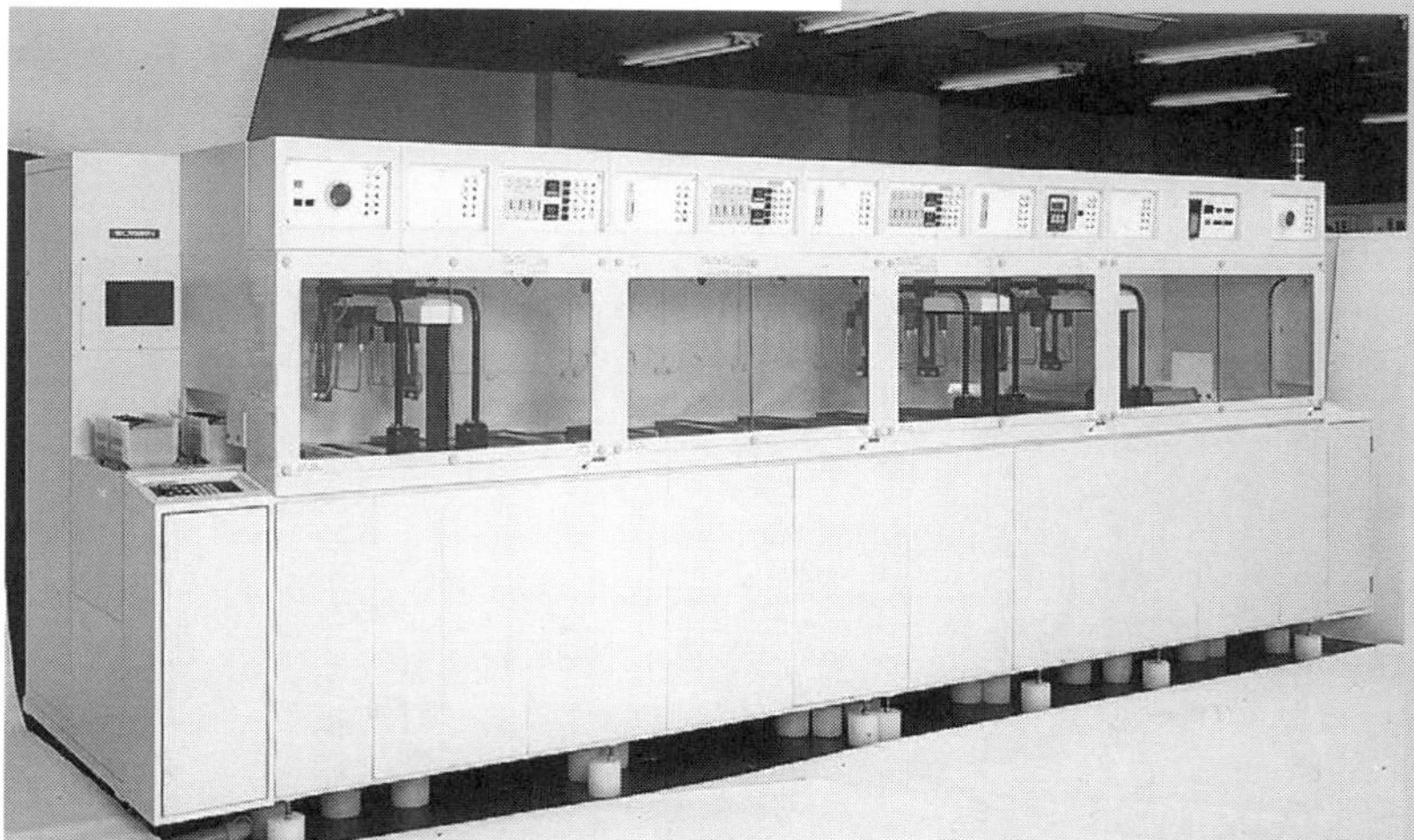

写真１　標準化を実現した6インチ（150mm）ウエハー向けバッチ式洗浄装置「WSW - 625」

的に提案し、新たな価値を創出するソリューションクリエーターとなるべく社員の意識を変えていく」（取締役社長　最高経営責任者〈ＣＥＯ〉廣江敏朗）とし、改革を断行する。

こうした大規模な体質改善を図る背景には、廣江社長自身の経験を振り返り、将来的に半導体洗浄装置に次ぐ〝新たな何か〟を生み出し、持続的成長につなげたいという思いがある。

◉不動の地位を確立

いまでは枚葉式やバッチ式、スピンスクラバーすべての洗浄機でシェア首位の地位を確立した同社だが、廣江社長が入社した１９８３年当初は、半導体業界の黎明期。洗浄装置全体で30億円程度の規模だった。顧客ごとに部品や製造工程が異なり、非効率だった半導体装置製造を変えようと、入社３年目にして約50のパーツの標準化を実現し、開発リーダーとして携わった６インチ（１５０㎜）ウエハー向けのバッチ式洗浄装置「ＷＳＷ－６２５」を88年に発売した。その後も市場ニーズに対応した装置を相次いで市場投入。92年発売の、インチの異なるウエハーを同一のプラットフォームで洗浄できるキャリアーレス洗浄装置「ＷＳ－８２０Ｌ」は、革新的なプロセスで一世を風靡した。この頃には半導体洗浄装置事業だけで１００

写真３　業界最大の24チャンバーを搭載、最高水準の処理技術を結集した装置「SU－3300」

写真２　バッチ式洗浄装置「WS－820L」は一世を風靡した

億円を売り上げ、滋賀県野洲町（現・野洲市）に新たに開発生産拠点を開設するまでに事業規模が拡大した。

日米半導体貿易摩擦を受けて80年代後半から90年代前半には、日本の大手半導体メーカーがこぞって米国に進出、ＳＣＲＥＥＮも米国拠点向け装置の受注に奔走した。さらに、米国半導体企業への採用を促すため、現地法人の取締役として、廣江社長も97年から駐在。取引がなかった現地大手メーカーとの３００㎜ウエハー洗浄装置の商談で米国側のリーダーを努め、２０００年に1号機を納入。実績を機に「３００㎜ウエハー洗浄装置はＳＣＲＥＥＮ」と呼ばれ、不動の地位を確立していった。

00年代からは、主流だったバッチ式洗浄装置に代わりウエハーを1枚ずつ洗浄する枚葉式洗浄装置の市場拡大を予測し、洗浄アプリケーション毎に別々であったプラットフォームを統合し、共通化した「ＳＵシリーズ」を企画・開発。効率化を推進し、枚葉化への流れに備えた。その後、主流となった枚葉式洗浄装置は改良を重ね、業界最大の24チャンバーを搭載し、最高水準の処理技術を結集した装置「ＳＵ－３３００」が現在の主力装置となっている。半導体に次ぐ新たな事業分野を立ち上

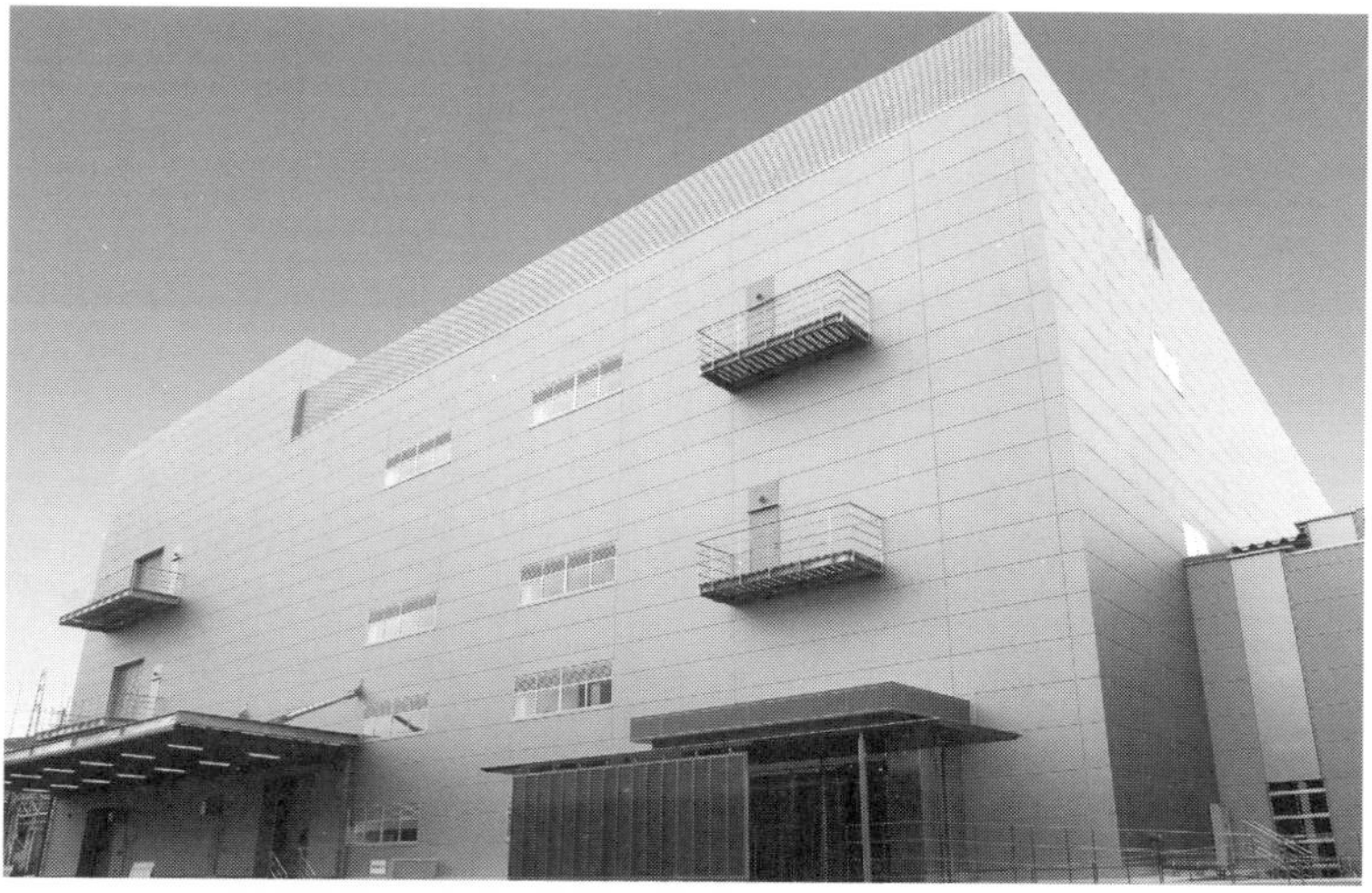

写真４　2019年操業の半導体製造装置工場「S^3-3（エス・キューブ　スリー）」。自動化などを追求し、納期を大幅に短縮する

げるため、10年代からはリチウムイオン電池向け塗工乾燥装置などのエネルギー分野、高速３Ｄ細胞スキャナーなどのライフサイエンス分野に進出。次代を担う新事業創出にも注力する。

◉ROICを導入

廣江社長が経営トップのバトンを受けたのは２０１９年。初の技術系出身社長だ。「企業文化自体を変えることになる」（廣江社長）ほど大胆に切り込む施策は、事業会社の評価指標に投下資本利益率（ＲＯＩＣ）を導入し、資本効率を徹底的に改善することだ。「そこで生まれた資金を（新事業などの）成長投資に使いたい。半導体製造装置がそうであったように、次の会社を形づくる何かが生まれる、その環境作りをサポートしたい」（同）と狙いを語る。

20年には温室効果ガス削減目標が、「Ｓｃｉｅｎｃｅ Ｂａｓｅｄ Ｔａｒｇｅｔｓ（ＳＢＴ）イニシアチブ」の認定を取得した。製品の省エネルギー化も進め、同製品群の販売比率を上げるなど世の中に貢献できるソリューション提案も強化する。変わらぬ〝ベンチャースピリット〟で持続可能な事業を展開し続けることこそが、１５２年続いてきたＳＣＲＥＥＮの強さと言える。

Profile

廣江敏朗 *Hiroe Toshio*

1959年5月5日生まれ。1983年、同志社大学工学部卒。同年、大日本スクリーン製造（現SCREENホールディングス）入社。1997年、DNS Electronics, LLC（当時）取締役。2006年、半導体機器カンパニー副社長。2007年に執行役員。2009年、技術開発センター副センター長、2011年よりエネルギー技術開発センター長を兼務。2014年、㈱SCREENファインテックソリューションズ代表取締役社長執行役員。2019年6月より現職。

会社DATA

株式会社SCREENホールディングス

〒602-8585　京都市上京区堀川通寺之内上る四丁目天神北町1番地の1

創業

1868年

＊SCREENグループの前身である石田旭山印刷所の創業

事業概要

半導体・液晶・プリント基板製造装置・印刷関連機器など産業用機器の製造・販売

URL

https://www.screen.co.jp/

022

「与えよ　さらば与えられん」の創業精神貫く

人の縁を大事に 100年企業目指す

鈴木油脂工業株式会社

創業 1937 年

代表取締役会長兼社長
鈴木　隆夫 氏

鈴木油脂工業は、パーライト洗剤（通称ピンク洗剤）をはじめとする各種工業用洗浄剤や切削剤および、マイクロカプセルなどの化学品を製造・販売する。２代目社長の鈴木桂祐氏が大阪工業試験場の特許技術マイクロカプセルの製造権利を取得して、化粧品業界や自社開発製品に活用を進めた。現在は中心としてきた工業用だけでなく、家庭用の拡大を目指している。

◉ベルトワックス製造で創業

鈴木隆夫会長兼社長の父である鈴木幸三郎氏が１９３７年に創業した。幸三郎氏は23歳のときに養蚕技術の指導員認定を取得して各

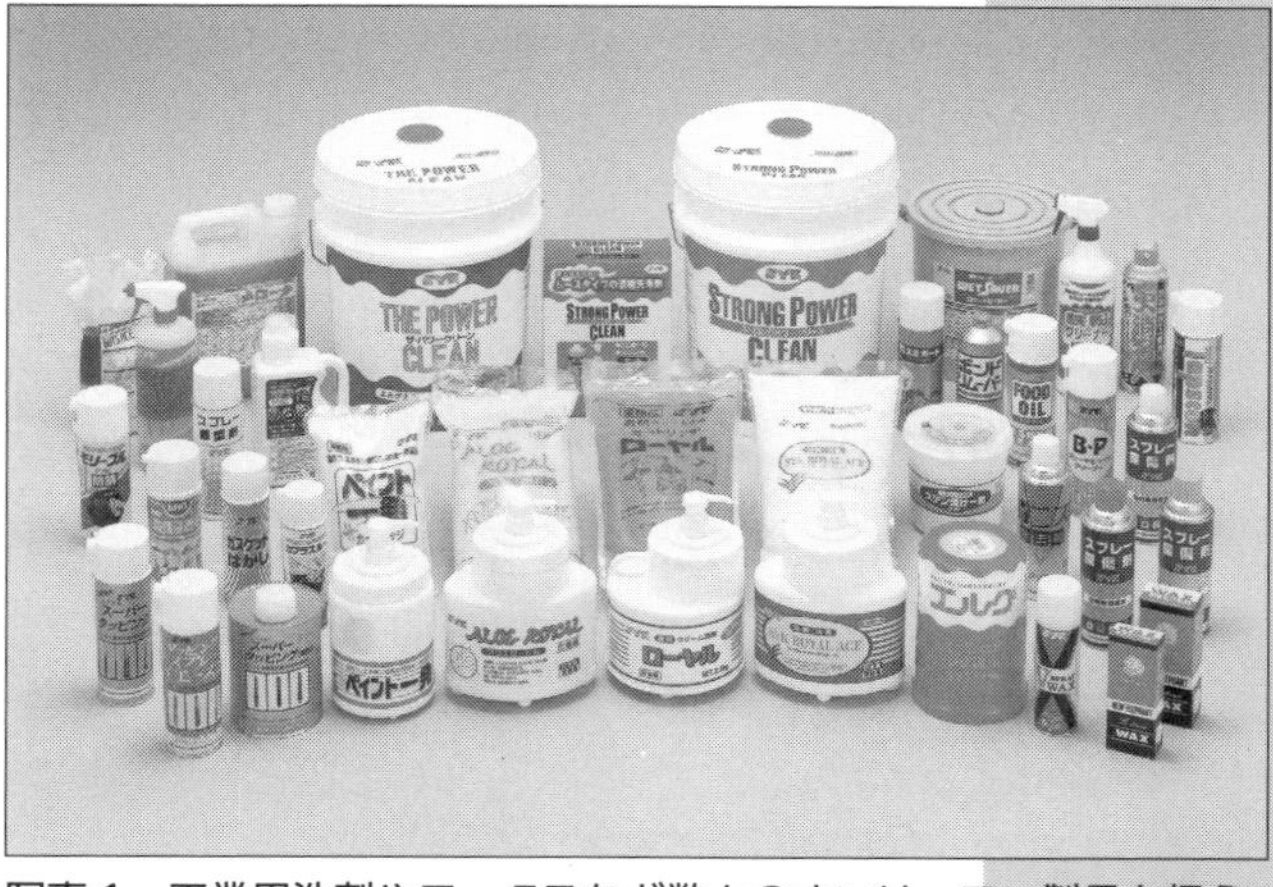

写真１　工業用洗剤やワックスなど数々のオンリーワン製品を扱う

地区へ出張指導を行っていたが、養蚕業が時代の流れで陰りを見せ始めたため、大阪市内でベルトワックスを製造していた姉の夫のもとで働き始めた。ベルトワックスは米の収穫時などに使用されていた平ベルトの滑り止めの役目をする粘着剤で、輸入品しかなかったものを初めて国産化したのが姉の夫だった。幸三郎氏は住み込みで働き製造技術を学び、37年に現本社の地で独立し、鈴木油脂工業所を立ち上げた。33歳のときだった。

昭和初期は電動機を動かすのに平ベルトを使用、長時間回し続けると摩擦熱でスリップを起こし伝動効率が下がるのを防ぐため、滑り止めとしてベルトワックスが広く使われていた。特に農業関連では脱穀機に平ベルトが多く使われていたので、農繁期に出荷のピークを迎える。現社長の隆夫氏も子供の頃から「ベルトワックスの小箱づくりや荷造りなどの作業を家族総出で手伝っていた」と深く家業にかかわっていたという。父の幸三郎氏は73年に69歳で他界し、兄の桂祐氏に家業が引き継がれた。

◉兄と弟の二人三脚がスタート

隆夫氏は「大学卒業後はサラリーマンになるつもりだった」が、兄からの要請で入社。空手で鍛えた身体を生かして「月曜から勤務するパートさんたちが作業に取りかかりやすいように毎週日曜に準備した」と効率のために休日も活用した。その後は兄の桂祐氏が社長として経理、技術を担当、隆夫氏は専務として営業の陣頭指揮で手腕を発揮した。1996年に社長のバトンを受けた。

写真2　創業時に製造していたベルトワックス（右）と1975年発売の工業用クリーム洗剤「エルグ」（中）と1977年発売のポンプタイプの「エルグローヤル」（左）

隆夫氏が社長を引き継いだ同年に女性営業スタッフを発足、「ファーストフローラ」と命名した。それまでの営業は同社に限らず男性のみだったが、工具関連や自動車関連の業者、販売店に製品を説明する担当として女性を配置した。全国各都市にPRに回る女性営業スタッフを配置、ピーク時は120人ほどに達した。ファーストフローラが営業に同行し得意先を訪問すると、きめ細かい製品説明が大好評となった。女性を本格的に戦力として活用した成功例として、世間からも注目を集めた。

創業者の父や2代目社長の兄、そして自身の経験を通じて鈴木隆夫社長が思うのは「人間関係の大切さ」だ。経営の危機に陥ったことは何度もあったが、そのたびに縁に救われてきた。

1979年4月25日、本社工場から火災が発生した。瞬く間に工場は火の海となり本社工場は全焼したが、不幸中の幸いで近くを走る鉄道がストライキで周辺への被害は少なかった。営業担当者から火災の話を聞いて、注文を3カ月分以上も出してくれた得意先が何件もあり、「人間関係」の大切さが身にしみた。

また、同社の製品開発を支えたのは、摂津油脂研究室長を定年退職した後、同社に来てくれた松尾光邦氏だった。松尾氏は、若い頃

写真3　2009年完成の本社ビル

に勤務していた工業技術院大阪工業技術試験所（現産業技術総合研究所関西センター）とのつながりで、化学専攻の学生を送り込んでくれた。それらがマイクロカプセル製造権利取得に寄与したことは間違いない。鈴木隆夫社長は「人間関係」の大切さをここでも感じ、「いまは亡き松尾氏に感謝の念を忘れることはない」と語る。

◉１００年企業目指す最後の砦

新型コロナ禍の現在、鈴木隆夫社長は「２０２１年の終息は望めないとしても、ピンチをチャンスととらえる」と前向きに営業を展開する。同社の４部門の中で化成品事業部ルートを中心に、全国に１万５０００以上ある販売店に家庭用ケミカル製品のチラシを得意先に配ってもらい販売する。１世帯当たりの購入金額はわずかでも、母数が大きいだけに同社業績への寄与が期待できる。「たとえ売上高が伸びなくても利益が出る体質を整える」ことを目指し、創業者の精神である「与えよ、さらば与えられん」の販売方針に沿って家庭用製品販売をさらに展開する。誠実なモノづくりと営業力の強みを生かしつつ１００年に向けて事業を継続、社員には「鈴木油脂工業に勤めてよかった」と言われる会社を目指す。

Profile

鈴木隆夫 *Suzuki Takao*

1964年、大阪経済大学を卒業して鈴木油脂工業に入社した。大学時代は空手道部主将として全国大会準優勝した経験を持つ。1996年に社長。さまざまな場面で「人との出会いに助けられてきた」と感謝、義理・人情を大切にする。

会社DATA

鈴木油脂工業株式会社
〒533-0021
大阪市東淀川区下新庄1-8-23

創業
1937年

事業概要
業務用手洗洗剤、各種業務用洗浄剤の製造および販売。球形・多孔質・中空・微粒子粉体の製造

URL
https:// www.suzukiyushi.co.jp

023

「人と和」を題目に街づくりの礎を担う

兵庫県を地盤に建設からメンテまで一貫体制

株式会社ソネック

創業1944年

代表取締役社長
福島　孝一 氏

兵庫県の臨海部中央に位置する東播磨地域。ソネックはこの地域を地盤とし民間建築を中心に、土木やリニューアル事業までも展開する地場ゼネコンだ。２０１６年には念願の東証一部上場を果たした。福島社長は「兵庫県下はもとより、西日本に本社を置く地場ゼネコンとしては唯一の存在」と胸を張る。

ソネック創業の歴史は、１９４４年に遡る。時は太平洋戦争の終結間際で物資不足がより一層深刻さを増していた。本来、船体は鋼鉄で製造されるが、これらの材料も極度に不足していた。そこで、鉄筋コンクリートによる船の建造が模索された。その労務者供給を担ったのが、いまでいう第三セクター方式で同年に設立された、ソネックの前身「株式会社

写真１　コンクリート船「武智丸」（広島県呉市）
現在でも防波堤として利用されている

曽根組」である。戦後は建築業に業種を転換し、高度経済成長期を追い風に業容拡大を図り、１９９２年10月に現社名となり現在に至る。

◉技術営業に転身、新分野を切り拓く

１９９６年、当時の渡辺健一社長（現相談役）による「企業は社会の公器」との考えから大阪証券取引所第二部（当時）に株式公開を果たした。ソネックにとって大きな分岐点となった同年は、16年後の２０１２年に、創業家以外で初めて社長に就任した現社長の福島孝一氏にとっても転機となった。１９７８年の入社以来、技術畑を歩み続けてきたのが一転して同社初、また同業他社に先行して技術営業に就いた。当時は「官から民」へと大きく舵を切ることが求められていた時代。一方で、民の仕事は次につながらない、リピーターが少ないとされていた。それでも「21世紀の成長産業といわれる医療や福祉系などの民需で新境地を切り拓き、次代につながる仕事を獲得しなければならない」。福島社長は当時、こう決意したことを明かす。しかしながら、新たな職種への転身は不安を伴う。「当時は全社員のうち約7割が技術系。ラインから自身が外れてしまうようで不安だった」と吐露する。しかも、技術営業は社内に経験者が存在せず、助言を求めるのも困難だった。

写真２　ソネックでは様々な建設工事を手がける
右は複合福祉施設「くつろぎの杜」、左は高砂市立図書館

『苦労は買ってでもしなければならない。そうしてこそ真人間になる』。そんな「松下幸之助氏の言葉などを胸に刻み、懸命に取り組んできた」と話す福島社長は、前例のない技術営業をやり切り、経営者としての素養を身につける。同時に、医療施設や福祉施設など新たな分野での実績を積み上げ、地場ゼネコンとしての地位の強化につなげるのである。

◉人を大切にする経営

建設業はわが国を支える基幹産業の1つでありながら、次代の担い手の減少が深刻さを増している。技能実習制度を通じた外国人材の採用が始まっているが、ソネックは2016年度からベトナム人技術者を、建設・土木工事の現場を管理する正社員として採用した。ただし、ソネックでは彼らを「単純な労働力」と見なしてない。日本の高度な建設・土木技術を習得し、帰国後は母国ベトナムの発展に貢献してもらいたいう思いがあり、あえて正社員として育てている。同業他社と大きく異なる点だ。

また、彼らの採用は社員にも良い影響を与えている。例えば、言葉の壁を乗り越えようすると教え方が、日本人同士においてもより

写真3　若手社員への技能伝承に力を入れている

丁寧な説明をしたり、互いに教えあうことでチームワークが向上したりするという結果につながっている。さらには、日本人の従業員の定着率の向上にもつながっているという。

人材に関連して、技能伝承にも力を入れている。２０２０年5月に設立し、10月から本格的に営業を始めた完全子会社「ＳＵＫＯＵＹＡＫＡ（すこやか）」の活用である。ＳＵＫＯＹＡＫＡでは建築物の管理・修繕やリノベーションなどを手がけており、ソネックの施工施設を中心に、顧客ロイヤリティの強化や顕在化していないメンテナンス需要の掘り起こしを目指している。ソネックでは定年を65歳に引き上げたが、「65歳以降も希望する場合は引き続き勤務ができる場として、また、若手社員への技能継承の一助を図る場として活用したい」と、福島社長はＳＵＫＯＹＡＫＡへの期待を込める。さらに「モノづくりに対する熱意を持つ人材の育成により一層注力していきたい」と続けるなど、人を大切にすることで持続的な成長を見すえている。

同社ホームページにあるトップメッセージには、「お客様のことを思い、お取引先・社員のことを思い、関係するすべての人達の幸せを本気で願い」という言葉がある。技術営業を通じて自身も成長を果たした福島社長は、上記の通り等しく人を大切にし、育てる考えを示しており、ここに長寿企業たる理由がある。

Profile

福島孝一 *Fukushima Koichi*

1978年、曽根組（現ソネック）に入社。技術者として、多岐にわたる現場の施工管理などにまい進してきた。2012年より現職に就き、人材育成に注力している。「人格は後ろ姿に現れる」「『難有り』を『有り難い』と捉える」などの松下幸之助氏の言葉をモットーとする。

会社DATA

株式会社ソネック
〒676-0082
兵庫県高砂市曽根町2257-1

創業
1944年

事業概要
一般土木建築工事業

URL
https://www.sonec-const.co.jp/

024

1個でも受注OKの鋳物部品を製造

砂型鋳造で化学プラントを支える部品を供給

辰巳工業株式会社

創業 1957年

代表取締役社長
辰巳　毅氏

辰巳工業は各種ポンプ、バルブ、ミキサー部品といったステンレス鋼などによる特殊鋼鋳造品を手がける。最終納入先は化学プラントなど向けで大手メーカーからも評価を得ている。ほかには攪拌機など食品分野でも利用されている。辰巳毅社長は「特殊な材料を小ロット、短納期で対応できるのが強み」と力を込める。鋳造部品は1個からの納入も請け負う。鋳物製品は溶解炉で材料を溶かしてつくるが、効率面から大容量の溶解炉を所持している会社が多く、同材質のロットも多くならざるを得ない。

辰巳工業はその逆の発想だ。砂型にステンレス材料を溶解して流し込む「砂型鋳造」と呼ばれる鋳造法を得意とする。「鋳物の湯

写真1　様々な特殊鋼鋳造品の製造を手掛ける

一個だけでも入れます」のキャッチフレーズで大手などがやりづらい特殊材質の少量受注を「当社は柱にしてきた」と辰巳社長は強調する。納期も通常3カ月かかるところを1カ月に短縮可能とする。

◉新工場、ラボ、金型部門が続々稼働

「もともと鋳物は鉄やアルミニウムが多い。そこで当社はニッチなステンレスを中心に手がける」と辰巳社長。こうしたステンレスによる鋳物部品を製造する自前の体制強化にも余念がない。2019年4月にまず、本社工場の道路を挟んだ向かい側に鋳物部品の仕上げ・出荷検査などを担う新工場を稼働させた。本社工場とで生産の前後工程を分散化させて効率化につなげている。新工場には鋳物部品の仕上げ用に研磨用の高周波グラインダーや大型コンプレッサーなどを導入。本社工場ではステンレスを溶かす溶解炉を刷新し、溶解工程のほか砂型造型どりの前工程に特化する。

新工場の横には鋳物部品などの開発の強化を目指し、「辰巳ラボ」と名付けたラボ（研究所）スペースも開設した。砂型鋳造の開発や社員研修などに役立てる。柔軟な発想を生み出せる環境で研究開発を推進し、鋳物製造の高度化につなげる。ラボには砂型の中で溶か

写真2　砂型にステンレス材料を溶解して流し込む砂型鋳造を得意とする

したステンレスが固まる様子がわかるシミュレーション装置や金属顕微鏡、硬度計、3Dプリンターなどを設けた。技術担当以外の従業員も各種装置を使えるようにする。ガラス張りのラボは社内研修などにも積極活用する方針だ。

辰巳工業はユニークな事業承継にも乗り出している。19年に本社工場の対面にあった農業機械部品などのダイカスト金型を手がける赤田金型製作所の事業を承継した。後継者難に伴う赤田金型は清算し、全従業員の雇用と顧客基盤を受け継ぎ、辰巳工業の「金型事業部」として19年11月から本格的に再始動した。金型のノウハウを取り込む辰巳工業は、主力の砂型鋳造による鋳物部品の一貫製造など事業シナジー（相乗効果）の拡大につなげる。

契機は「健康診断の共同実施など〝お隣さん〟としての付き合いはあった。前社長から後継者難を聞いた立ち話」（辰巳社長）だったという。辰巳工業は砂型鋳造で木型を使う。旧赤田金型が有するアルミダイカストの金型加工と組立のノウハウが「分野は違うが応用が可能」（辰巳社長）と見る。旧赤田金型はフライス盤やプレス機などの設備を揃えていたこともあり、大型の金型を修繕できる強みもある。辰巳工業は自前の鋳造技術との融合で、今後は完成度の高い鋳造部品の一貫製造体制を構築する。

加えて、亀岡工場（京都府亀岡市）で取り組んでいた鋳物部品の加工工程の大半も本社工場に移した。亀岡は製缶などに特化し、生産効率化につなげる。単品から受注する鋳物部品の製造体制は着々と整っている。

◉正直、素直、誠実で付加価値追求

2015年に就任した辰巳社長。営業面のテコ入れの必要性は感じていたという。このため自身の経験も生かし、自ら営業活動にも取り組む。辰巳施智子前社長（現会長）からバトンを引き継いだ。辰巳社長は「いま当社があるのは先代が長年築いてきた基盤があってこそ」と会社の理念や基本方針などは自身の代になったからといって変えるつもりはない。
企業理念は「ＴＡＣ」。ＴはＴｈｉｎｋ（考え）、ＡはＡｃｔ（行動し）ＣはＣｒｅａｔｅ（創りだす）の意味が込められている。ＴＡＣでＴａｔｓｕｍｉ Ｃｏｒｐｏｒａｔｉｏｎと辰巳工業の英文表記にもなっている。社是は「正直」「素直」「誠実」。これらは「モノづくりの会社には必要なこと。しっかり受け継ごうと思った」と辰巳社長は説明する。毎朝、従業員同士で確認し合っている。そのほかにも月1回の全体朝礼の開催など、従業員が心をひとつに通わす機会も多い。

辰巳社長は「従業員が持つ個性を大事にしたい。いろいろな思い・考えがあって、いろいろな発想が生まれる。それを気負わず発言できる社内環境を構築したい」と強調する。金型事業部も発足し、将来に向けて飛躍する土壌は整った。金型の新メンバーは「頑張ってくれている。既存メンバーともしっかり交流ができている」と辰巳社長は目を細める。鋳物に加えて金型が事業に入り、さらなら成長を目指す。辰巳社長も「高付加価値を追求していきたい」と先頭でけん引する思いだ。

Profile

辰巳毅 *Tatsumi Takeshi*

大手建材メーカーの営業担当を経て2002年に入社した辰巳社長。就任を機に「辰巳姓」となり、妻の母である辰巳施智子会長から15年に経営のバトンを受け継いだ。営業畑出身だが、入社後は製造業のイロハをしっかり身につけた。1973年生まれ。従業員にとっても親しみやすさと厳格さの両面を兼ね備えた存在だ。

会社DATA

辰巳工業株式会社
〒568-0095
大阪府茨木市佐保48

創業
1957年

事業概要
ステンレス鋼など特殊鋼鋳造品の製造

URL
http://www.tatsumi-cast.co.jp/

025

人に寄り添う小型車で、くらしを豊かに

新しいモビリティーで社会課題の解決目指す

ダイハツ工業株式会社

設立 1907 年

代表取締役社長
奥平　総一郎 氏

「すべての人々に寄り添い、暮らしを豊かにする」。ダイハツ工業の奥平総一郎社長は、「この言葉こそが、110年以上にわたる当社の経営ビジョン」と力を込める。ダイハツ工業は1907年に内燃機関の国産化を目指して大阪で創業し、国内トップの軽自動車メーカーへと発展した。軽自動車販売シェアは2005年以来、14年連続でトップを走り、海外はインドネシアやマレーシアなどで生産を拡大している。「すべての人々に安全で快適な移動手段を、安価に提供する」という信念のもと開発、生産するスモールカー（小型車）は、都市や地方の広い地域で若者、女性、高齢者といった多くの顧客層に支持され、その生活を支えている。

写真１　「ベルト＋ギヤ駆動」が可能な世界初の CVT「D-CVT」

ただし、世界の自動車産業はＣＯ２排出量削減などの環境規制強化やＣＡＳＥ（コネクティッド、自動運転、シェアリング、電動化）と呼ばれる技術革新の潮流のまっただ中にある。さらに、２０２０年に世界で流行した新型コロナウイルス感染症により人々のライフスタイルにも「新常態（ニューノーマル）」と呼ばれる変化が生まれている。めまぐるしく変わる経営環境の中、生まれてくるさまざまな社会課題への解決策を見い出し、次の１００年に向けた持続的な成長につなげようとしている。

◉「DNGA」で世界市場に攻勢

「ダイハツ」の名が生まれたのは１９５１年。「発動機製造株式会社」という創業以来の社名を、大阪の発動機に由来する「ダイハツ工業」に改めた。57年には軽３輪トラック「ミゼット」が大ヒットして、車メーカーとして発展する契機になった。「ミゼット」は当時、小回りがきいて扱いやすく、経済的だったことが支持を得た。ミゼット以降も、「人に寄り添い暮らしを支える」という経営ビジョンを車づくりの強みとし、軽量ながら車室の広い「シャレード」、１ℓあたり走行距離30㎞という低燃費性能を実現した「ミライース」といった画期的な小型車を世に送り出した。

近年では、２０１９年に発表した「ＤＮＧＡ（ダイハツ・ニューグローバル・アーキテクチャー）」と呼ぶ新しい車両プラットフォームを使い、世界で加速するＣＡＳＥや環境規制の潮流に攻勢をかけている。ＤＮＧＡは軽自動車、Ａ・Ｂセグメン

写真２　新車両プラットフォーム「DNGA」を採用した軽自動車「タフト」（右）と小型SUV「ロッキー」（左）

トというそれぞれの大きさの車に、CASE対応の新技術を搭載し、新興国市場向けを含む様々な小型車を開発するための基盤設計で、開発期間や生産コストを大幅に減らすことができる。

DNGAで25年までに21車種を開発し、ダイハツ設計・開発の車の生産台数を世界で250万台に増やす計画だ（2019年度世界生産台数は約176万台）。20年末時点で、DNGAによる軽自動車「タント」、小型SUV（スポーツ多目的車）「ロッキー」など3車種を市場投入しており、ハイブリッド車（HV）や電気自動車（EV）の開発も進行中だ。親会社のトヨタ自動車と協業を深め、アジアを中心とする新興国市場向けの新型車開発や海外展開拡大などの計画も進めており、世界市場で勝ち残るための布石を着々と打っている。

◉新常態に小さな車の価値見い出す

しかし、新型コロナの感染拡大では、国内の緊急事態宣言や、マレーシア、インドネシアの活動制限政策によって工場の稼働停止を余儀なくされた。人の移動が制限され、人と人のコミュニケーションや集まり方などが大きく変わった。奥平社長は「お客様のくらし

写真3　主力となる滋賀工場全景

方、働き方の変化があり、人それぞれの価値観、ニーズも変わる。変化を前提に顧客に寄り添った商品とサービスを提供する必要がある」と気を引き締める。例えば、デジタル技術を使えば人と車、車と車がつながることが可能だが、実現するためには「車とデジタルツールが切り離せなくなり、情報技術の企業と一緒になって仕事をすることになるかもしれない」と様々な可能性を想定する。

人の移動では、自家用車を使い、人との接触を減らす動きも出てきた。地方では高齢者が安全で、自由に移動したいというニーズが出ている。これらの社会変化に対して奥平社長は「最小単位のモビリティーのあり方をしっかり考える必要がある」と指摘する。

世界が取り組む持続可能な開発目標（SDGs）や政府が掲げるカーボンニュートラル（脱炭素）の目標に対しても、「小さい車は、資源やエネルギーを大切にする重要なモビリティーになる」と、その存在価値を強調する。社会課題の解決に貢献する車や移動手段を生み出し続ければ、それが企業の持続的な成長につながる。奥平社長は「小型車、軽自動車の価値を再確認し、人が健康に、笑顔で、幸せに移動できるモビリティーを提供していく」とさらなる成長への道筋を描いている。

Profile

奥平総一郎 *Okudaira Soichiro*

1979年、トヨタ自動車工業（現トヨタ自動車）に入社。開発部門でチーフエンジニアを務め、主力小型車「カローラ」などの開発に携わった。専務役員となった後、中国の開発拠点の社長、中国・アジア・オセアニアのチーフテクニカルオフィサー（CTO）などを経て、2017年にダイハツ工業社長に就任し、現在に至る。

会社DATA

ダイハツ工業株式会社
〒563-0044
大阪府池田市ダイハツ町1番1号

設立
1907年（明治40年）

事業概要
自動車、産業車両、その他各種車両とその部品の製造、販売、賃貸、修理

URL
https://www.daihatsu.com/

026

技術と人をつなぐインターフェースの役割を追求

エクセルデータ連携で工場の見える化を実現

株式会社テクノツリー

設立 1996 年

代表取締役会長
木下　武雄 氏

テクノツリーは、現場作業の効率化や業務改善につながるパッケージやソフトウエアを提供するシステム事業や、メーカー向けのマニュアル制作などのコンテンツ事業、プロモーションムービーやプレゼン資料制作などのマルチメディア事業を手がける。特にエクセルデータをブラウザでウェブ上に簡単に置き換えできるチェックシート入力・報告書作成システム「XC-Gate（エクシーゲート）」シリーズは、IT社会発展とともに同社の主力商品となった。デジタル化の大変革を迎える中、デジタル変革（DX）技術をいち早く提案する同社は技術と人をつなぐインターフェースの役割を追求し、持続的成長を目指す。

写真１　兵庫県明石市にある本社外観

◉マニュアル制作が創業期を支える

元神戸製鋼所の機械設計者だった木下武雄社長が54歳で脱サラし、メーカーのマニュアル制作会社として1996年に設立した。当時のメーカーは製造物責任法（PL法）施行後で同法に準拠したマニュアル制作に取り組んでいた。木下社長はPL法を勉強すると同時にグラフィックデザインを取り入れた、わかりやすい見せるマニュアルを提案、知見のある産業機械分野中心に顧客開拓した。その後、自動車メーカーの受注増でさらに業績を伸ばした。

神鋼で機械の特性や保守などの情報収集にも携わった木下社長は、「工場全体の生産性などを見える化したい」と当時から夢を描いていた。その夢は2011年に発売した「エクシーゲート」で叶った。自動車部品メーカーなどから、当時、日本で発売されたばかりのiPadを入力端末に用いて「ウェブ画面を通じて各担当者があらゆる角度から設備や機械のデータ収集や確認ができる」と評価された。20年末までに自動車や飲料、酒類、素材産業など大手企業中心に800社以上の採用実績がある。

エクセルデータを他のデータベースと連携でき、ブラウザで簡単に取り込め、タブレット端末に専用ソフトが不要なことが各社の採用の決め手と

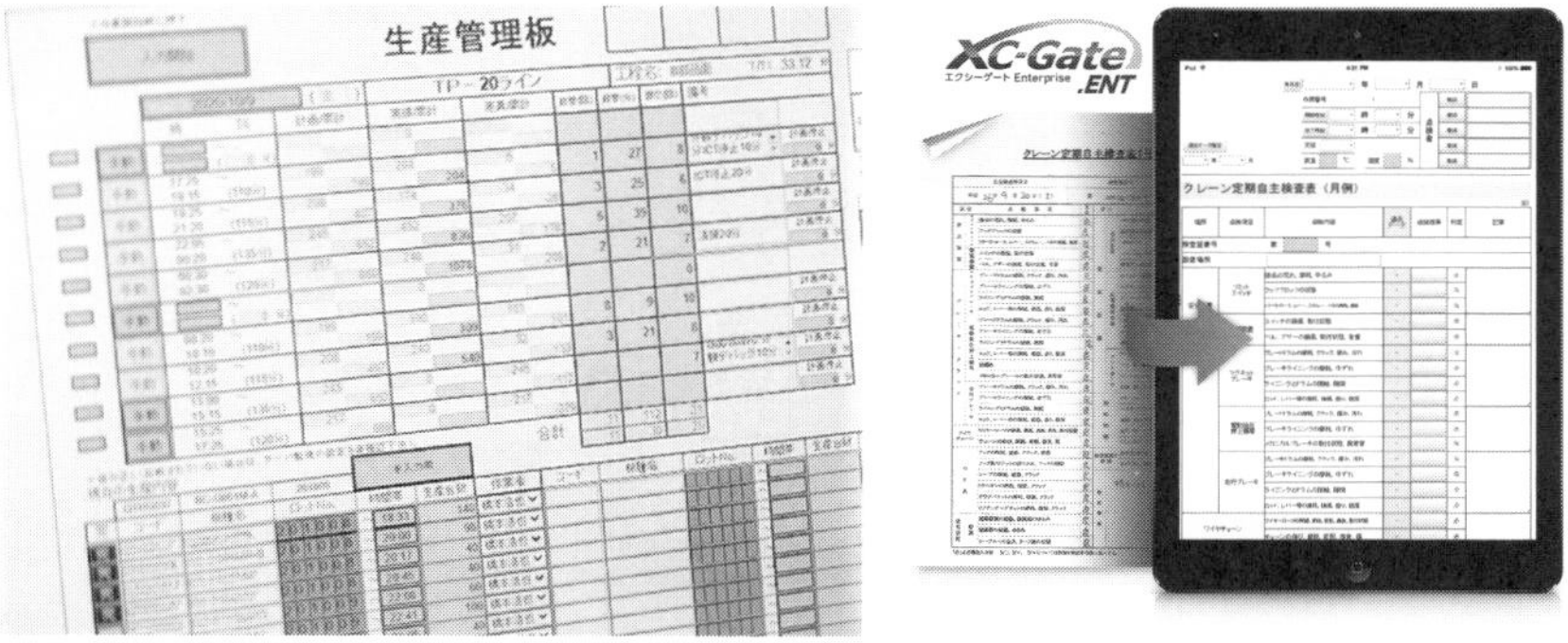

写真2　主力製品のチェックシート入力・報告書作成システム「XC-Gate」（右）と生産管理版（左）の画面イメージ

なった。近年は「国際的な食品衛生管理基準『ＨＡＣＣＰ』に適応に注力する食品加工会社の採用が増えている」（木下社長）。

◉DX時代に向け4プロジェクトを始動

「エクシーゲート」シリーズは、２０１４年に大規模ユーザー向け「ＸＣ-ＧａｔｅＥＮＴ」を、16年に帳簿の電子化に加え設備データも取得可能な「ＸＣ-ＧａｔｅＰＬＣ」などを相次いで投入。20年10月には各種設備マニュアルとチェックシートなどの帳票を電子化し、ウェブ上で連携する「ＸＣ-ＤＯＣ」を発売した。製造現場の作業者がタブレット端末に表示されたマニュアルを見ながら点検を実施可能。デジタル化が遅れていたマニュアルが大きく変わるきっかけとなり特殊車両メーカーなどが先行採用している。コロナ禍でＤＸや人工知能（ＡＩ）、ＩｏＴ（モノのインターネット）などデジタル化の推進が加速する中、「エクシーゲートなど当社のシステムへの期待が大きい」と木下社長は実感する。それに応えるため同社は20年度に「ＡＳ４００などレガシーシステムとの連携」、「ＤＸ（ＩｏＴ）」、「ＨＡＣＣＰ（食品）」、「ＸＣ-ＤＯＣ」の４つのプロジェクトを始動。エクシーゲートシリーズを通じて日本のモノづくりのデジタル化推進を支援する。例えば、ＤＸを推進したいが顧客の既存システムが老朽化

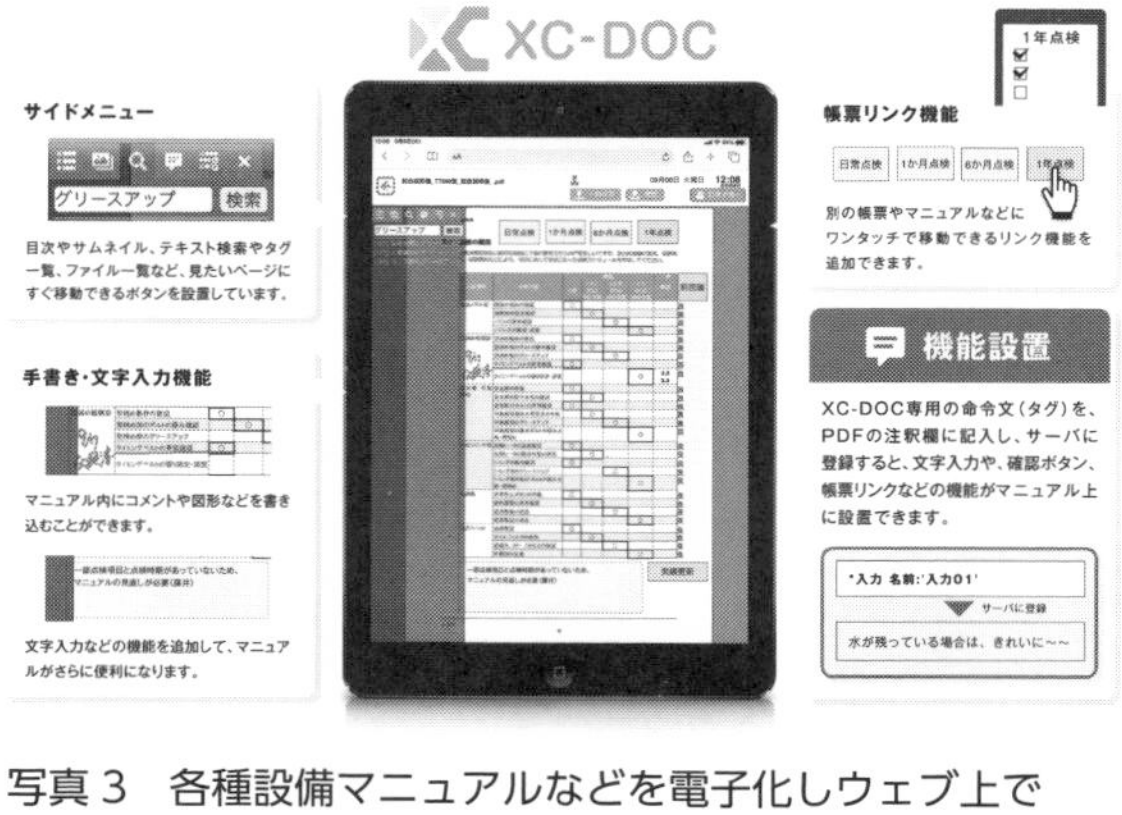

写真３　各種設備マニュアルなどを電子化しウェブ上で連携する「XC-DOC」のおもな機能

し新事業を始めることは難しく維持や更新にも多額の費用がかかる。こうした課題をエクシーゲートは、ブラックボックス化しているシステムの中から、レガシー化している（眠っている）各種データとの連携や活用を可能にし、解決する。エクシーゲートシリーズはすでに８００社以上採用されているが、大半が大企業で使われている。木下社長は「中小企業のデジタル化推進も後押ししたい」と強調する。同社が提供するクラウドを利用し、エクシーゲートの機能を月額で気軽に利用できる「エクシーノ」の提案などを商社などと連携して力を入れる考えだ。

近年、テクノツリーとエクシーゲートの知名度は各業界で高まっている。さらに、持続的成長や経営基盤を盤石にするため数年後に株式上場を目指す方針だ。本社は創業当初から兵庫県明石市に置き、東京や博多など全国7オフィスで展開する。地元採用を中心に社員は約１７０人（20年12月時点）と業容拡大に合わせ増やしている。事業継承についても長男の木下拓也副社長が後継者として順調に育っている。

テクノツリーの創業以来、変わらない企業理念は「技術と人をつなぐインターフェースの役割の追求」。デジタル化による産業構造の変革に合わせて新しい価値を持つ商品やサービスを提供しつつ社会に貢献していくなか、変わらない企業理念（不変）と新技術（革新）への挑戦が続く。

Profile

木下武雄 *Kinoshita Takeo*

1942年、愛知県東海市生まれ。名古屋大学工学部卒業後、神戸製鋼所に入社。おもに産業機械の設計と品質保証に従事。ドキュメント制作経験をベースにIT市場の今後の大きな発展を海外視察にて感じ、1996年にテクノツリーを設立、代表取締役に就任する。趣味は囲碁。

会社DATA

株式会社テクノツリー
〒674-0074
兵庫県明石市魚住町534-7

設立
1996年

事業概要
システム開発事業、コンテンツ事業、マルチメディア事業

URL
http://www.technotree.com/

027

粉粒体関連技術で未来を拓く技術者集団

各地へ展開する、粉粒体関連の総合メーカー

東亜機械工業株式会社

創業 1964 年

代表取締役社長
砂泊　昌浩 氏

東亜機械工業は、サイロプラントをはじめ製粉・飼料・製糖・製油プラントや、これらに付随する搬送機器、製造設備などに至るまで幅広く展開する総合プラントメーカーだ。粉粒体関連で長年培ってきた技術をもとに、より環境負荷の少ない製品などを世に送り出し、経済成長の過程で生じた公害などの環境・社会問題解決に向けた一助を果たしてきた。

同社の歴史は１９６４年にさかのぼる。時は東京オリンピック、そして高度経済成長期の世相だった。飼料プラントのメンテナンス事業で創業。わずか3名で立ち上げた。顧客の生産設備の安全で安定した稼働の実現に向け、技術開発や施工・設計技術者などの人材

写真１　穀物関連プラントの設計、製作からメンテナンスまでワンストップサービスで提供する

育成に力を注いできた。創業以来、一貫して穀物や食品を中心とした粉粒体の処理や搬送、貯蔵などの技術に取り組み、研鑽を重ねてきた。昭和40年代後半以降、関西圏においては神戸港などの都市圏に位置していた飼料プラントの地方への移転・飼料原料基地化といった集約化の流れが加速。以来、太平洋ベルト地帯を中心に北海道から沖縄に至るまで販路を拡げた。穀物関連プラントの設計、製作からメンテナンス業務に至るまでをワンストップサービスで提供するほか、物流自動省力機械や穀物以外の粉粒体プラントも手がけるなど、同社の活動領域は広がりを見せている。

「穀物を原料とした製粉・飼料・製糖や製油など『食の根源』に携わっている。当社は長年培ってきた粉粒体の技術によって、生産現場を下支えしている」。こう力を込めるのは砂泊昌浩社長。その昔、畑に実る五穀を「イネ」と呼んだ。古代語で「イ」は「いのち」の「イ」、「ネ」は「根っこ」の「ネ」。この2文字をつなげて「イネ」とし、「命の根源」を表現した。いわば私たちの食、そして命の根源を支える一翼を同社は担う。

経営理念に「我が社は信義と愛情を根底に　和気合々の中で活気に満ちた集団となり　顧客に満足していただける良い製品を作り

写真2　設備更新が続く見通しで、同社の堅調な業績につながっている

社会に貢献することを目的とします」を掲げる。現在、国内経済は新型コロナウイルス感染症拡大の影響により低迷している。しかし、食という命の根源を支える同社の業績は、高度経済成長期に建造された設備の更新ニーズが続く見通しも重なり、堅調を維持している。

◉震災、生産活動の再起に向け尽力

大学卒業後、1983年に東亜機械工業に入社した砂泊社長。施工を担う工事課での約5年間の勤務に始まり、製造や営業など社内の様々な現場を学んだ。中堅社員として活躍していた1995年1月17日、忘れられない経験をする。阪神・淡路大震災である。幸いにして、同社社員ならびに社屋の被害は軽微だったが、神戸市中部から東部はとりわけ被害が深刻だった。同市長田区から中央区、東灘区の臨海部を中心に立地する、東亜機械工業の主要取引先である穀物サイロや製粉、製油、飼料メーカーの工場は甚大な被害を受けた。「95年4月頃までの約3か月間、一刻も早い復旧に向け、社員全員が目まぐるしく走り回る日々だった」と砂泊社長は述懐する。プラント設備などの復旧工事の任を受け、自社九州工場が位置する鹿児島をはじめ九州、関東など各地から応援部隊として職人を呼び

写真3　神戸市西区にある本社工場

寄せた。社屋2階のホールに畳を敷き、仕切りなどを設けて泊まり込み、昼夜を徹して復旧に向けて力を注ぐ日々だったという。通常時であれば、同社からは1時間程度で神戸市中部・東部の臨海地域に到着する。道路が寸断していたうえ大渋滞が発生していた当時、何倍もの時間を要した。そこで考えたのが海上輸送。「先代の砂泊社長が知り合いに船をチャーターしてもらい、職人たちを各現場へと海上で輸送し、復旧工事に取り組んだ」と振り返る。

被災地域の一刻も早い復旧、生産活動の再開に向けて、全社一丸となって尽力したこと。それは、砂泊社長にとっては貴重な経験であり、経営者としての成長の糧となっている。

◉100年企業を見すえ技術・サービスに磨き

2015年に、6代目社長に就任した砂泊社長。利益率向上に向け各作業・工程の見直しやカイゼンに力を注いできた。穀物などの東亜機械工業を取り巻く業界の動向は、各社の設備が段階的に更新期を迎え、同社の受注環境は堅調に推移する見通し。「より良い経営状態で、次代にバトンをつなぐのが自身の使命。60年、そして100年企業を見すえ、顧客企業にとってより付加価値の高い技術やサービスに磨きをかけたい」。こう語る砂泊社長の次の一手に注目される。

Profile

砂泊昌浩 *Sunatomari Masahiro*

1983年、東亜機械工業に入社。製造や営業など社内のさまざまな現場で職務にまい進してきた。2015年より現職に就き、人材育成や顧客満足度の更なる向上に向けて、技術力のブラッシュアップなどに注力している。
写真は、社内親睦会で焼きそばをつくっているところ。

会社DATA

東亜機械工業株式会社
〒651-2271
兵庫県神戸市西区高塚台3丁目1-21

創業
1964年

事業概要
食料品加工機械・荷役運搬設備製造業

URL
http://www.toakikai.co.jp/

028

インフラ整備を下支えする100年企業

国内シェアトップメーカー、海外展開も深耕

日工株式会社

創業 1919 年

取締役社長
辻　勝氏

日工は、アスファルトプラントの国内シェア70％を誇る業界トップメーカーだ。近年は海外展開にも注力しており、特に深耕を図っているのが東南アジア諸国連合（ＡＳＥＡＮ）だ。いまも経済成長が著しい同地域はインフラ整備の需要が旺盛。さらなる重要増に対応すべく、日工はこのほどタイ国内に、中国に次いで2カ所目となる海外工場の建設に着手した。道路舗装に用いるアスファルトの製造プラントのうちＡＳＥＡＮ市場に適した中小型製品を中心に生産する。２０２１年10月の完成・稼働をめざし、工事が進んでいる。30年にはＡＳＥＡＮ内での売上を現状の10倍となる60億円に引き上げる展望を持つなど事業のグローバル化を志向している。

写真 1　NPS 中央に設置したカスタマーサポートセンター

◉先人の先見の明に経緯

日工の歴史は、1919年にさかのぼる。時の鈴木商店本店の工事部門関係者が中心となって立ち上げた「日本工具製作株式会社」に端を発する。シャベルやスコップなどの土農工具を製造販売する事業を祖業とする。太平洋戦争終結後の50年代、今日の日工を形づくる転機が訪れる。建機の製造と、国産第一号機となるアスファルトプラントを世に送り出したことだ。50年代前半、日本国内においても農作業の機械化が進展していた一方で、朝鮮戦争特需の終焉による反動不況を迎えていた。こうした状況の変化に対応すべく、日工は従来の工具を主とした事業から、ウインチやコンクリートミキサーなど建設機械の製造販売事業に本格的に乗り出す。

国産第一号機のアスファルトプラントの試作機を世に送り出したのは1958年のこと。当時の日本国内の道路事情は、アスファルト舗装がされていない状態も珍しくなかった。一方で全国各地の在日米軍基地やその周辺の道路のすべてでアスファルト舗装が施されており、全国で注目を集めていた。「アスファルト舗装の将来性に着目した当時の経営陣は、まさに『社運を賭けて』アスファルトプ

写真２　カスタマーサポートセンターでは迅速なリモートメンテナンスに対応する

ラント製造に着手することを決意した。先見の明に敬意を表したい」と辻勝社長は振り返る。実際、社会基盤の整備・更新を担う建設業界が果たす役割は大きい。現に自動車産業に次いで国内第2位の市場規模を持ち、わが国を支える基幹産業となっている。日工は道路や構造物の建造で必須のアスファルト合材やコンクリートのプラントの製造を通じて、インフラ整備の下支えを果たしてきた。

「経済成長と公害防止――」。高度成長期においては、相反するこれらの課題への対応が求められたが、日工は70年代以降、ばい塵除去と省エネを図った環境負荷の少ないアスファルトプラントを先行して供給。公害という当時の重大な社会課題の解決に寄与してきた。

◉次代を見すえ新たな布石

2019年、現職に就任した辻社長は、日工ではおもに技術畑を歩んできた。「インフラ整備が一巡した後の低成長時代における市場の縮小傾向に対し、従前の経営陣は常に危機感を持ってきた」としたうえで、「40代後半以降は、自社の強みである建設材料を混練する技術・製品が活躍できる新領域の開拓の任を受けた。技術営業に近しい立場として、食品や化学分野などの新たな取引先を見つけ

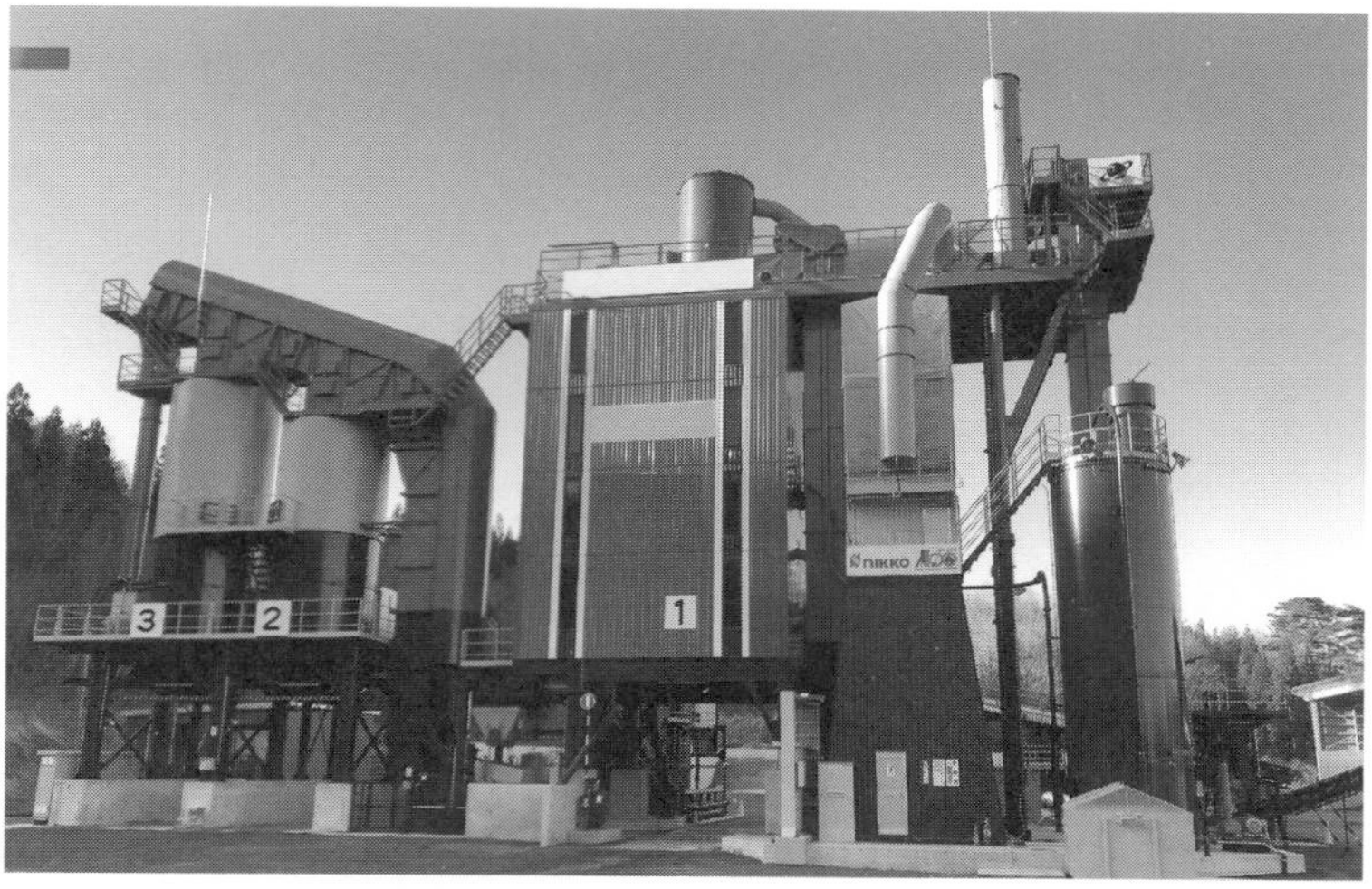

写真3　道路からはがしたアスファルト合材の再利用一体型プラント「VP-Ⅲ」。小型で省スペース、導入コストの削減が可能

るべく、まさに『ローラー作戦』で各企業を訪問して回った」。厳しい時代を乗り越えたことを、こう振り返る。

現在、国土強靱（きょうじん）化の流れなどを受けて足元の受注環境は底堅く推移しているという。また、主力のアスファルトプラントをはじめコンクリートプラントや環境プラントの受注はそれぞれ前年と比べて伸長している。

日工が次代を見すえて重視するのが、ビフォアメンテナンス（機械が壊れる前のサービス）事業。18年にNPS（ニッコー・プロポーザル・ステーション）を開設し、その中央にアスファルトやコンクリートプラントのリモートメンテナンスを担うカスタマーサポートセンター（CSC）を本社1階に配置。保守専門スタッフが常時待機して故障個所を迅速に診断し、迅速な復旧を実現することで機械の運転停止時間（ダウンタイム）を抑制する。ショールーム機能も併せ持ち、ガラス張りの開かれたスペースが来社した顧客を出迎える。リモートメンテナンスは付帯サービスだが、新型コロナウイルス拡大防止などの機運の後押しもあり、顧客からの問い合わせが増え、20年1月以降、契約が大きく伸長している。19年以前は、日工製品の導入顧客のうち加入率が約45％程度だったのが、約1年で7割程度に伸びた。「30年までにはすべての顧客への導入を実現し、新たな収益モデルの確立を図る」。辻社長はこう力を込めるが、辻社長が先人の経営に敬意を表したように、こうした方向性は次代の経営者から評価されるものになると期待される。

Profile

辻 勝 *Tsuji Masaru*

1987年、日工に入社。製品開発や技術営業、経営企画など社内の様々な現場で職務にまい進してきた。2019年より現職に就き、人材育成や顧客満足度の更なる向上に向けて、技術力やサービスのブラッシュアップなどに注力している。

会社DATA

日工株式会社
〒674-8585
兵庫県明石市大久保町江井島1013番地の1

創業
1919年

事業概要
建設機械の製造・販売

URL
https://www.nikko-net.co.jp/

029

独自の異物除去装置で食の安心安全を守る

茶用選別機のパイオニア

株式会社服部製作所

創業 1935 年

代表取締役社長
服部　勝洋 氏

食の安全・安心を守るうえで重要な異物除去や食品製造時に不要部分を取り除く自動化機器などを手がける服部製作所。同社は世界初の茶葉と木茎を自動選別する装置開発をきっかけに、1935年に創業した選別機のパイオニアだ。現在は検査対象である食品と同色で、X線検査装置や金属検出器では見分けるのが困難な異物を自動で選別・除去できる色彩選別機や、医薬品、化学材料、電池材料などの製造工程向け粉体・軽比重物用異物除去装置など多様なラインアップを展開する。

およそ100年前まで製茶現場は「選り子」と呼ばれる女性がピンセットを用いて、手作業で茶葉から木茎を取り除いていた。自動

写真 1　1953 年に完成した静電選別機 1 号機

化機器で製茶現場の苦労を取り除いた同社は、創業者の服部善一氏から受け継ぐ「高品質な選別ができるまで諦めない」をモットーに、様々な業界から寄せられる困りごとや要請に応え、活躍の場を世界に広げている。

◉業界スタンダードへと躍進

製茶業では乾燥させた茶葉から木茎を取り除く。昔から冬場は静電気で手や腕が茶葉だらけになることが知られていた。ラジオを自作するほどモノづくり好きで洞察力にも優れた善一氏は、家業の製茶業を手伝っていたときに乾燥状態の茶葉と木茎を擦り合わすと茶葉はマイナスに、木茎はプラスに帯電することに気づく。マイナス電極で誘引すれば木茎が吸着できると試行錯誤を重ね、18才だった1935年に世界初の茶用静電選別機A型を完成。同時に特許も取得した。累計販売台数100台以上の大ヒットで、茶業に変革を起こした善一氏は56年に当時最年少（当時39歳）で紫綬褒章を受章。同機はその後も選別精度や処理能力向上などの進化を続ける。

ただ、静電選別機のみの除去は限界があり、若干残る木茎を人手で取り除く必要があった。そこで着目したのが色彩選別という手法。

写真2　2005年にモノクロ、2011年にカラーCCDカメラ方式紅茶用色彩選別機をインド、スリランカへ輸出開始

64年に光センサで茶葉と木茎の色の違いを見分け、エアガンで白色の木茎のみ飛ばす茶用色彩選別機を開発。構造の工夫を重ねて処理能力や選別精度を向上し、静電選別機と色彩選別機の組み合わせにより木茎を取り除く作業の完全自動化を実現した。高度経済成長で人件費が高騰し、また良質なお茶の需要も右肩成長したことで各所に採用が広がり、茶用色彩選別機は業界スタンダードとなる。

ライバルとの競争が激化した1980年前後。服部製作所は風力選別機や、煎茶を細長い形状で切断する装置を発売して茶葉精選の周辺工程に業容を拡充。スリランカからの「紅茶の茶葉向け色彩選別機械がほしい」との依頼にも対応した。煎茶は緑の茶葉と白い木茎の2色の選別のみだが、紅茶は黒い茶葉と白い芽は残し、赤い茎だけを取り除く。そこでセンサをモノクロからカラーに換え、演算方法なども工夫して86年に紅茶用色彩選別機を開発し、スリランカやインド、東南アジア諸国などに輸出した。このほか豆や米、ちりめんじゃこなど乾燥海産物向けにも培った色彩選別技術を展開。これらの業容拡大が功を奏し、服部製作所は右肩成長を続ける。

写真３　カナダ企業に納入したウェット食品用色彩選別機

◉頼まれたら絶対に断らない

4代目社長の服部勝洋氏は「世に必要とされる製品があれば企業は持続的に成長する」と指摘する。勝洋社長は19

９９年投入のＣＣＤカメラで微細異物を検出する選別機の開発を主導。引き継がれた「頼まれたら絶対に断らない」という社風のもと、選別技術はふりかけやカップ麺の具材など多様な食品の微細異物除去へと発展。カット野菜はじめ水分を含む食品の異物検出も可能にした。操作面では良・不良品それぞれの色を機械に覚えさせるだけでしきい値を自動作成し、煩雑なプログラム作業が不要の機能などを開発。製薬や化学、電池材料メーカーからも依頼が殺到する。

勝洋社長は「最新技術への情報感度を高め、研究開発に注力することで独創的開発に結びつけてきた」と話す。営業職の社員も最初は機械設計に従事する。同社では機械のことを知らないと営業職は務まらない。社員の多くが技術者で製品開発や製造、据え付け、メンテナンスまでこなす。「一人二役で顧客ニーズや次の製品開発のヒントを掴み、商機に結びつけている」。現在のチャレンジはさらなる世界展開と、ジャムやもずくなどの液状製品を対象とした異物除去技術の開発。２０２０年代のうちに中東や南米に広げた販路を充実させ、欧州市場参入を推進する。

技術開発では液状かつ粘性の異なる原材料がベースの食品を一定速度で搬送し、高精度で異物を除去する技術の確立が目標。これができれば、現在は目視検査で行っている果肉入りジュースやトマト缶といった検査工程への応用も期待できるという。

Profile

服部勝洋 *Hattori Katsuhiro*

1996年同志社大学大学院工学研究科修士修了、同年本田技術研究所に入所。ハイブリッド車向けモーター設計などに従事。1999年に服部製作所に入社。当時、世界最大の米輸出国だったタイへ入社後すぐに向かい、製品開発に協力してくれる精米所で従来のフォトセンサーではなく、CCDカメラを用いた米用色彩選別機の開発を主導する。2018年に社長就任。

会社DATA

株式会社服部製作所
〒611-0022
京都府宇治市白川宮ノ後2番地

創業

1935年

事業概要

食品用色彩選別機、画像処理異物除去装置、静電気式選別機などの製造・販売

URL

http://senvec.co.jp/

030

独自路線を貫く「ユーザー系商社」

国内はそこか（即納・小口・加工）東南アジアに第二の阪和

阪和興業株式会社

設立 1947 年

代表取締役社長
古川　弘成 氏

阪和興業は自らを「ユーザー系商社」と称している。総合商社系でも鉄鋼メーカー系でもない。「顧客のために汗を流し、足で稼ぐ阪和」という創業者・北二郎氏の精神を、4代目の古川弘成社長が1つのキャッチフレーズにまとめ直したものだ。1947年に設立された同社はかねて〝直需に強い〟と言われてきた。バブル景気の頃、時の経営者が財テクに走り経営的に深い傷を負ったこともあり、その経験を踏まえて前社長の北修爾氏が方針とした原点回帰だ。ユーザー目線の重要性を再確認することは先行き不透明な時代に、事業戦略を遂行する重要な判断基準となっている。

同社の2019年度の連結売上高は1兆9074億円で、鉄鋼商社全

写真 1　大阪市中央区にある大阪本社ビル

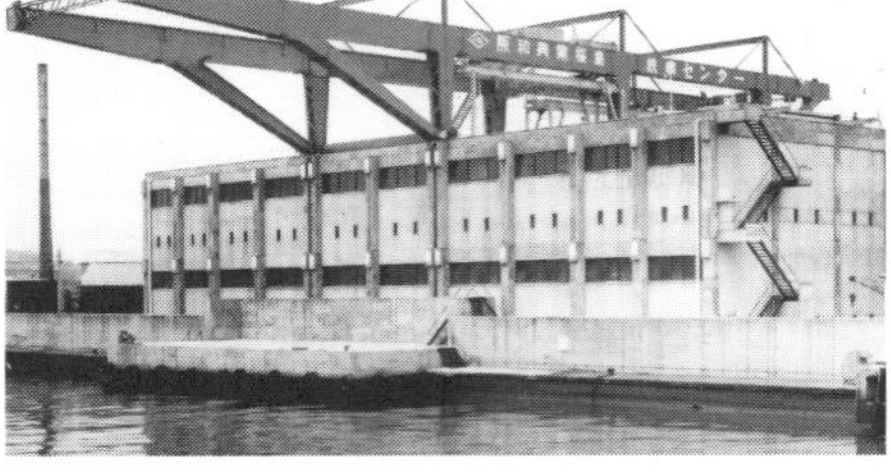

写真 2　桜島鉄鋼センターに 1971 年竣工した倉庫。小型埠頭を備える

体の中では4位。だが独立系としては首位に立つ。昭和30年代には東京、名古屋、大阪に自前の倉庫を構え、取引先に問題が発生すれば、すぐに駆け付けて解決に汗をかく。与信管理では営業担当が取引先の財務データを読み、管理部門と連携しつつ主体的に取引先の与信判断を行う。こうした顧客密着のスタイルは日々、磨かれている。

「いまが当社にとって最大のターニングポイント」と古川社長は強調する。主力の鉄鋼事業では人口減少や海外勢の追い上げなどで、国内メーカーの粗鋼生産が年間1億トンを割り、今後は8000万トンを切るともいわれる。「新常態に対応したビジネススタイルが求められる中、図らずもコロナ禍が我々の何年後、何十年後の近い未来を鏡に映してみせてくれた」と語る。

こうした中、2020年秋に公表した第9次中期経営計画（20～22年度）は、鉄鋼、プライマリー／リサイクル原料、食品、エネルギーなど全事業で、連結新規取引先の目標を累計5000社とした。国内外100に及ぶグループ会社を擁しており、第8次中計（16～19年度）までは単体の目標だった新規取引先の開拓を、第9次中計ではグループ全体で推進する。連結鉄鋼取扱量は、高付加価値営業や海外の地産地消型事業の拡大で、1500万tを目指す。3年間の累計投資枠を500億円と

写真3　建材や鋼板などを即納できる体制を敷いている

し、厳選した成長投資の継続と投資後のモニタリングを強化する。こうした取り組みで22年度には売上高2兆1000億円、経常利益300億円を目指す。さらに「30年度には、経常利益500億円という未知の領域まで到達したい」（古川社長）と言う。それを実現するのが、「そこか事業」「M＆AプラスA（アライアンス）」など独自戦略の磨き上げだ。第6次中計（10～12年度）で方向性を示し、第7次中計（13～15年度）で打ち出した「そこか」は、即納・小口・加工の頭文字から名付けた。中堅・中小ユーザーや小売り業態の需要を取り込む戦略だ。また、自前主義からの大転換として、機能や技術力に優れる取引先への出資、提携を通じたパートナーづくりを表す「M＆AプラスA（アライアンス）」を掲げた。合併・買収に加えて、さまざまな提携を模索・実行するというものだ。

◉マイナー出資で原料にも関与

一方、グローバル展開を意味する「第2の阪和を東南アジアに」という合言葉を忘れてはならない。阪和興業は90年代、円高で関西の家電メーカーが相次ぎ海外に生産シフトしたことを受け、海外展開を本格化。96年に中国鉄鋼最大手の宝山製鉄から依頼を受け、ス

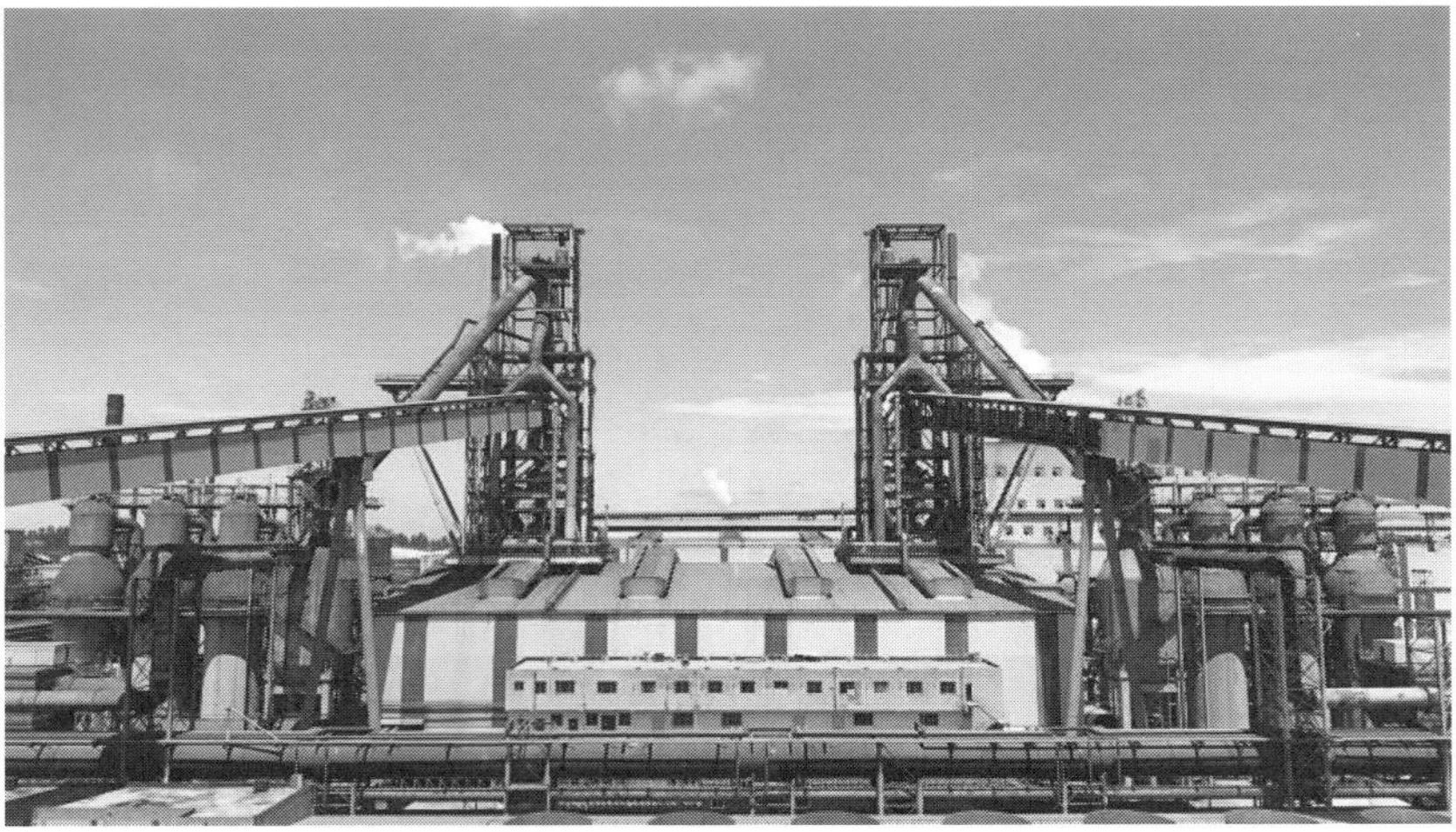

写真4　出資するインドネシア徳信鋼鉄高炉2棟

テンレス鋼での日中合弁を橋渡しした。従来力を入れてきた中国に加え、ＡＳＥＡＮ（東南アジア諸国連合）地区や中南米、アフリカなどに拠点を開設し、事業投資を積極化した。「第二の阪和」は、第8次中計で積極化した。「インドネシアではステンレス鋼と普通鋼のメーカーの顔を持つに至った」と古川社長は話す。中国勢が出資する普通鋼高炉事業に参画する一方、ニッケル銑鉄、ステンレス熱延鋼板の製造にかかわる。金属資源にもウイングを広げており、インドネシアでは、車載用リチウムイオン電池正極材向けニッケル・コバルト化合物の生産に関与。南アフリカではステンレスの主原料、フェロクロムの生産などに参画する。いずれも「マイナー出資によるニッチ市場開拓。対象の金属資源を、巨大な中国で産出が少ないものに照準を定めた」（古川社長）。今後は既存案件へ追加出資を行い、着実な収益化につなげる。

同社は２０２２年4月、創立75周年を迎える。企業が持続的に発展する条件を古川社長は「時代の変化を前もって感じて予測し、それに備えて分相応（企業体力）ぎりぎりの先手を打つこと」と言う。鋼材などの内需がしぼむ見通しの中、「業界全体のパイが縮小しても、当社は顧客との関係を密にし、国内を深く掘り下げていく」と力強く語る。危機意識をテコとする、地道なチャレンジ精神が全社にしっかり浸透しているようだ。

Profile

古川弘成 *Furukawa Hironari*

1969年、阪和興業に入社。96年に阪和（香港）副社長兼アジア地域副支配人、97年に取締役、2003年に常務、05年に専務、09年に副社長。11年4月に4代目社長に就いた。創業家以外からの初めての社長就任。「国内は根と幹で、海外は枝と葉。国内は中堅・中小企業向けの取引基盤を広げて、しっかり根を張りながら海外へと広げていきたい。国内と海外の二兎を追って大きな花を咲かせたい」と決意表明した。

会社DATA

阪和興業株式会社
大阪本社　〒541-8585
大阪市中央区伏見町4-3-9
東京本社　〒104-8429
東京都中央区築地1-13-1

設立　1947年

事業概要　鉄鋼、鉄鋼原料、建材、非鉄金属、石油、化成品、食品、木材、セメント、機械の国内販売および輸出入

URL
URL：https://www.hanwa.co.jp

031

流体・圧力制御の技術で存在感を発揮

成長市場である食品・医薬を強化

株式会社日阪製作所

創業 1942 年

代表取締役社長 社長執行役員
竹下　好和 氏

熱交換器、プロセスエンジニアリング、バルブの3事業を主力とする日阪製作所は1942年創業。ステンレスパイプの製造などが創業当時の事業だったが、ステンレスの加工技術を生かし日本初の染色機械やプレート式熱交換器、ボールバルブの開発に成功する。「ベースになるのは流体・圧力の制御技術」(竹下好和社長)。この技術を基盤にすえて「衣・食・住・医・環境・エネルギー」の分野で社会を支えるＢｔｏＢ（企業間）企業だ。

主力製造拠点となる鴻池事業所（大阪府東大阪市）を構えるほか、グループ会社が関東や中国、マレーシアなどに製造拠点を持つ。

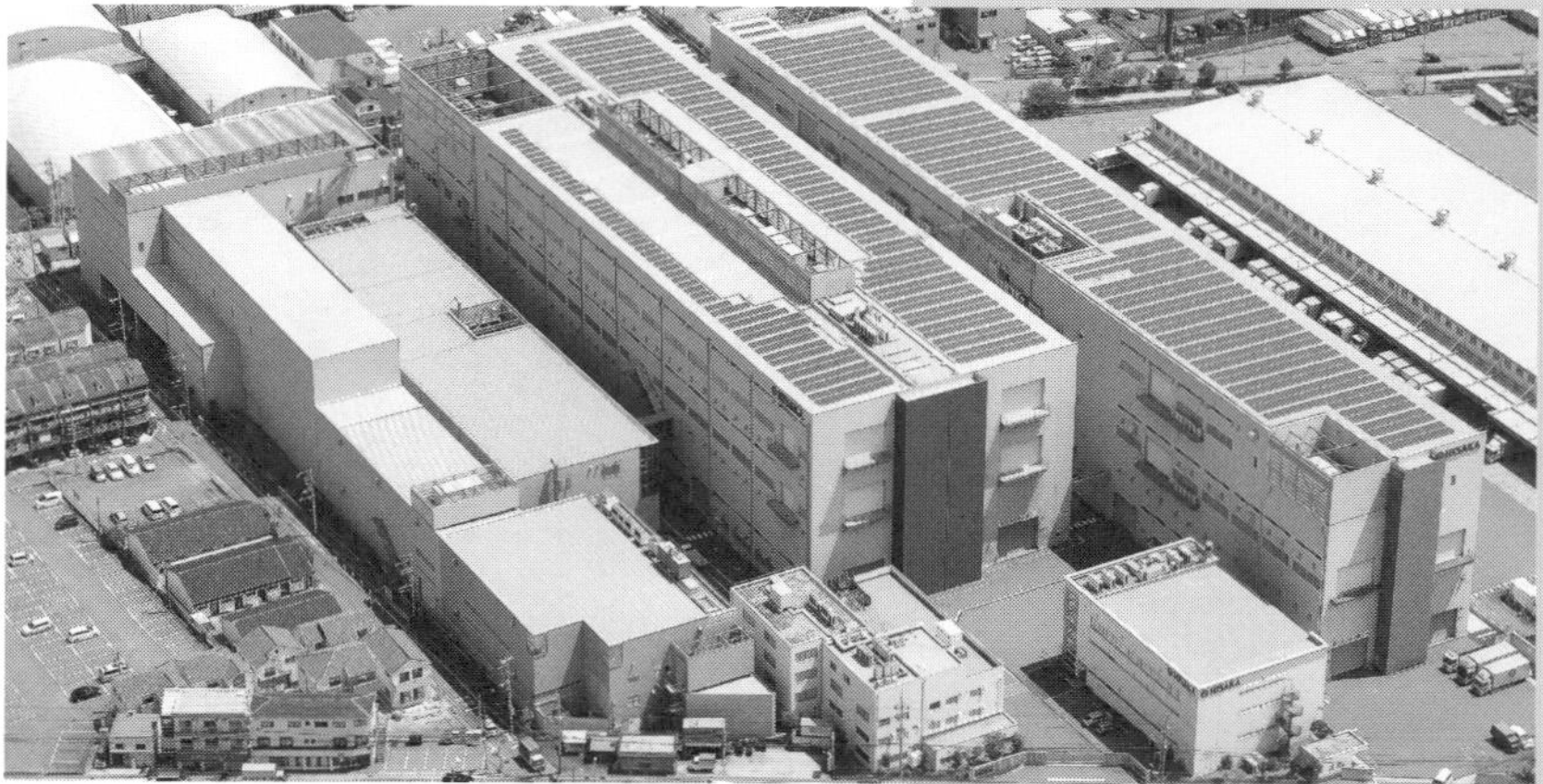

写真 1　主力製造拠点の鴻池事業所（大阪府東大阪市）

◉主力3事業で高いシェア誇る

熱交換器事業は1953年に国内初となるプレート式熱交換器を開発。あらゆる産業のプロセスで不可欠となる流体の加熱・冷却を担うプレート式熱交換器の製造・販売を通じ、顧客のプラント、設備の「省エネルギー・省スペース・高効率運転」の実現に貢献している。今後もプレート式熱交換器をコア技術とする「熱ソリューション」という新しい価値の具体化に取り組み、事業領域拡大を図る。

プロセスエンジニアリング事業は日常生活に欠かせない食品・医薬品の殺菌・滅菌機、繊維製品を染める染色仕上機などの製造・販売を通じ、あらゆる分野で快適な暮らしの実現に寄与している。今後は省エネルギー・自動化・無人化・IoT対応などモノづくりのノウハウや生産性向上策を提供できる機械メーカーとして、産業の発展への貢献を目指す。

バルブ事業は汎用型の各種ボールバルブやダイヤフラムバルブ、特殊・用途限定ボールバルブなどの製品提供を通じて幅広い産業の流体制御に貢献している。今後も「環境安全性に優れたナンバー1の性能品質」を追求し、ユーザーニーズに適合する新製品やサービスを提供する。

いずれの事業領域でも高いシェアを誇っているが、竹下社長は「BtoBの企業として、お客さまは当社にプロセスでのノウハウを求められていると理解している。

写真2　同社を代表する製品。右から熱交換器、殺菌装置、バルブ

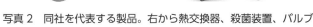

今後はさらにソリューション（課題解決）型の企業を目指す」（竹下社長）考えだ。近年大きく成長しているプロセスエンジニアリング事業の中でも「将来の当社を支えていく領域になる」と竹下社長が見通すのは、成長市場である食品・医薬向け分野。装置の販売だけでなく納入した後のサービスにも力を入れる。

国内の製造業が存在感を発揮するために、「その決意表明でもある」と竹下社長が力を込めるのは2023年9月稼働予定の新工場・生駒事業所（奈良県生駒市）だ。敷地面積約5万2000㎡で、プロセスエンジニアリング事業の生産を移管する計画。19年11月には食品の殺菌装置やサニタリーバルブなどの生産拠点、青梅事業所（東京都青梅市）を開設。また19年4月にグループに迎えた小松川化工機は埼玉、千葉の工場でインフルエンザや新型コロナウイルス用のワクチン培養槽などを製造している。事業継続計画（BCP）対策の一環としても生産拠点分散でリスク低減につなげている。

◉連結売上高1000億円を目指す

1981年入社の竹下社長は大学で繊維工学を専攻していたこともあり、染色機械部門の出身。「当社の社訓、誠心（まごころ）を

写真3　熟練技術者の手により高品質な製品を供給している。写真は製缶作業の様子

常に胸に刻まなければならないと教え込まれてきた」と話す。「誠心のある人間になり、誠心のある製品を造る」と強調する。会社が大きくなるに従い、従業員同士の輪をさらに結束させて次代の飛躍を誓う。

現在の連結売上比率はプロセスエンジニアリング、熱交換器がそれぞれ4割、バルブが2割の構成。特に事業拡大に注力しているプロセスエンジニアリングが熱交換器を少し上回った。既存事業を底上げしつつ、食品・医薬などの成長市場での事業拡大に力を入れている。また、２０１８年にはどの事業本部にも属さない「未来事業推進部」を発足させた。若手・中堅社員が中心となり、現在の3事業に含まれない新規事業のシーズ（新たな事業の種）を探っている。「加速するデジタル変革（ＤＸ）への対応を含め、若手を集めて人づくりにも生かしたい」と竹下社長は力を込める。

42年に創業１００年を迎える日阪製作所。ここで連結売上高１０００億円到達を目指している。竹下社長は「数字を追うのではなく、社会貢献への取り組みを続ければ最終的にはその規模の企業になる。今の若手・中堅社員が活躍できる社内環境を整えることも重要と考えている」と決意を新たにする。

Profile

竹下好和 *Takeshita Yoshikazu*

京都工芸繊維大学を卒業し、日阪製作所に入社した。これまでに生活産業機器事業本部（現・プロセスエンジニアリング事業本部）本部長などを歴任してきた。同社のメーカーとしての出発点となった染色機械畑を中心に歩んできた。19年には食品・医薬機器関連事業を手がける小松川化工機（東京都千代田区）をグループに迎えるなど、Ｍ＆Ａによる事業拡大も積極的に推進する。

会社DATA

株式会社日阪製作所
〒530-0057
大阪市北区曽根崎 2-12-7
（清和梅田ビル 20 階）

創業
1942 年 5 月

事業概要
産業機械の製造・販売

URL
https://www.hisaka.co.jp/

032

成長する抜型・刃型のプロ集団

手作業と最新技術の融合で高度な加工サービス展開

株式会社菱屋

創業 1964 年

代表取締役
柳本　泰志 氏

菱屋は、各種抜型・木型や刃型の製造と各種自動加工機による加工サービスを手がけている。抜型とは様々な素材を特定の形に切り抜くために使用する器具で、商品パッケージなどの商品開発には欠かせない存在だ。自動化による効率向上をいち早く実現してきた一方、刃物の埋め込みや細かな補正など手作業の部分も大切にし、数多くの職人を育成している。確かな経営力と培ってきた技術力で歴史を積み重ねている。

◉1人での創業から業界内の大企業へ成長

同社の創業は1964年。現会長の柳本忠二氏が前身となる「菱

写真 1　大阪府八尾市の菱屋本社

屋木型製作所」を発足。大阪府東大阪市で営業していた印刷工場を間借りして、手加工による抜型製作を始めた。社業は順調に拡大し、73年には「株式会社菱屋」に法人化する。当時、資金を集めて取り組んだのは最新技術の導入による製造の自動化。ベーシックプログラミングによるCADシステムや自動製図機の開発を始める。

79年にはシステム開発に拍車をかけるべく同社最大級の設備投資を行う。当時の年間売上の約1・5倍を投じてドイツ製の炭酸ガスレーザー機を導入。高出力の特徴を生かしてベニヤ板の溝加工に応用することで、最新の加工機と手作業を融合した加工にチャレンジする。また、すでに従業員を40人ほど擁しており、この頃から業界内では「大企業」として認知され始めた。

その後、82年には全国展開に向けグループ会社として株式会社レザックを設立する。装置およびシステム開発を移管しつつ、翌年のレザックによるCADシステムの完成を機に、菱屋は本業の抜型製作と加工ノウハウの蓄積に専念する。そして、「装置のレザック」「加工の菱屋」という二人三脚での経営体制が完成する。ここでユニークなのは、レザックによる装置販売を菱屋の新規顧客につなげていること。抜型製作をはじめ、導入企業が装置のみでは解決できない

写真2　レザック製も導入して加工サービスを展開。写真は高出力レーザー加工機

技術的課題が、レザックを通じて菱屋に持ち込まれるのである。新たな顧客を獲得しつつグループとしての成長とノウハウの蓄積の両立という好循環な経営を展開し、さらなる成長を果たす。

現在、菱屋を率いる柳本泰志社長は2004年に就任した。複数年にわたり抜型・木型製造の基礎から経営手法までを学ぶ〝助走期間〟を経て、先代から受け継いだ。当時では珍しい計画的な事業継承であったため、「スムーズに社業を引き継ぐことができた」と柳本社長は振り返る。その柳本社長の手腕もあり、現在の取引数は全体で約1500社、日常的には約300社に及ぶ。業種は食品や医療・化粧品などの包装関係や自動車の内装部品、プラスチック製品、精密部品などと様々。業界内で「大企業」といわれる理由がここにある。

◉時代背景に適したサービスで品質以外も強化

菱屋の強みは、上述の経営を通じて、30年以上にわたり培ってきた技術とノウハウ、そして、これらにもとづく提案力にある。過去の製造データはすべて保存しており、新たな抜型の提案はもちろん過去の単発受注でさえもリピート対応を可能にしている。また、抜型のCADデータをはじめ社内ネットワークを通じた一元管理も、これら強みの支えとなっている。製造に関わる社員全員で共有することで加工・検査・補正作業などをコンカレントに推進して高効率な生産を実現。高品質と短納期の両立を実現している。さらに、ウォータージェットやレーザー加工機など各種設備の充実

写真3　ウォータージェットを利用した抜型用スポンジゴムの切断システム

も支えとなっている。「会社訪問をされたお客様が一様に驚かれる」と柳本社長が説明するほどで、創業以来、手作業と最新技術の融合を図ってきた結果といえよう。

今後、注力する課題として、柳本社長は抜型の高付加価値化をあげる。光触媒コーティングによる抗菌化処理サービスはその一例。抜型をより安全・安心に提供することを目的としたもので、感染症対策の寄与が見込まれる。柳本社長自らのアイデアによる新たな試みであり、「製品の品質とは関係ないが、こうした小さな取り組みが将来につながるはず」と期待を込める。一方で、食品包装をはじめ包装技術は、時代ごとに要求される性能や様式が変わる傾向にあり、常に時代の流れを読み取っていかなければ淘汰される。それでも、「これらに対応し続けることで自分たちが目指す『次世代の抜き型』の提供にもつながるはず」と意気込む柳本社長。新たな取り組みに、どこまでも前向きだ。

創業以来、経営危機などもなく順調な経営を続けてきた菱屋。「会長の経営力が大きかったから」。「難しいことでも断らず、どんな相談にも応えてきた会長のがんばりがあったから」。柳本社長はこう会長への敬意を示すが、『自己を研鑚し会社存続の礎となり社会の範となる』という企業理念を継承し、同様に経営力を発揮している。「抜型・刃型のプロ集団」として、さらなる成長が期待される。

Profile

柳本泰志 *Yanagimoto Hiroshi*

英国でMBAを取得後、2003年に株式会社菱屋に入社。営業、技術、経理を経て、2012年に代表取締役に就任。就任後は、人材育成・設備投資など社内強化に取り組み、より効率的で生産性の高い製造ラインを確立する。また海外での経験を生かしてアジア、ヨーロッパなどへの製品販売を開始。最近では、感染防止対策による製品の抗菌コートを実施して顧客に安心、安全の商品を届けている。

会社DATA

株式会社菱屋
〒581-0038
大阪府八尾市若林町2-111

創業
1964年

事業概要
各種抜き用刃型の製作販売

URL
https://hishiya-corp.jp/

033

独自製品を多数擁するポンプメーカー

お客様の声から生まれたオリジナルポンプ

伏虎金属工業株式会社

創業 1962 年

代表取締役
前田　寛二 氏

伏虎金属工業はベーンポンプや2軸スクリューポンプをはじめ数多くの独自開発製品を擁するポンプメーカー。前田寛二社長が実質的な創業経営者として今日まで育て上げた。

前田社長は高校卒業後の1961年、父の前田楠信氏が経営し、鋳物会社に鋳材を納める前身の前田商店に入社した。翌年、「鋳物の機械加工をやらないか」という取引先からの誘いを受け、社内に機工部を立ち上げて独学で機械加工を始めた。64年に法人化し現社名になる。声をかけてくれた取引先は後に倒産したが、その会社の機械加工に詳しい技術者を工場長に招き、礎を築いた。三菱電機和歌山製作所（現・冷熱システム製作所）から冷凍機の部品加工を引

写真 1　超高粘度液の移送を行えるコンベヤ一体型 2 軸スクリューポンプ SQWA 型

き受けたのを機に経営は安定した。

◉何か自社製品をつくりたい

「機械加工だけではなく、何か自社製品をつくりたい」。前田社長はかねてそう思っていた。初の自社ブランドポンプを開発したのは１９８０年。ドラフターで自ら設計図面を引き、羽根（ベーン）を回して液体などを移送する「ラジアルベーンポンプ」を開発した。当時から普及していた一般のギヤポンプでは他社と差別化できないと直感し、あえて選んだのがこのベーン式だった。滋賀県にある印刷工場のインク移送用に売れたのがきっかけとなり、ポンプメーカーとしての第一歩を踏み出した。能力の低下をベーンの交換だけで回復でき、高い自吸力のおかげでドラム缶の底まで液を残すことなく引き抜けるこのポンプは印刷工場で数百台も売れた。その評判は口コミですぐに広がり、現在は「和歌山市内のほとんどの化学工場で、原料をドラム缶から反応釜に移送する用途に当社のベーンポンプを使っていただいている」（前田社長）というまで普及した。

　前田社長はそれからも開発を一手に担ってきた。特に90年代末にＣＡＤと出会ったことは大きな転機となった。当時はまだドラフ

写真２　金属加工を担う粉河工業（和歌山県紀の川市）

ターの図面が主流だったが、ディスプレー上で図面を描けるCADを初めて見て感動し、独学でマスターした。CADを駆使すること3年、2001年に今日の主力製品となる「2軸スクリューポンプ」を開発した。前田社長は「自分が面白いからやっているだけ」と謙遜するが、CADを知って感動したことが主力製品の開発につながった。

「2軸スクリューポンプ」は、内蔵する2つのスクリューを非接触で高速回転させることで移送したい材料を破壊せずに押し出す機能を有する。このため、部品同士の接触によるコンタミ発生の心配もなく、性質変化を嫌うデリケートな素材や食品の移送に適する。例えば総菜に添える大根おろしを充填機に移送する際、大根の繊維を壊したり水分を分離したりせずに、おろしたままの状態を保てる。高粘度の油かすや、液中に空気が入る味噌、餅も難なく移送が可能だ。このユニークな特徴により、近年では化学業界、食品業界に加え、化粧品業界などにも顧客が広がっている。

◉ニーズに合った開発を徹底

前田社長は「信頼されるものでなければ続かない。信頼できる製

写真3　強い現場力がオンリーワン製品生み出している

品をつくれば、営業は後からついてくる」と実感を込める。毎週月曜日に和歌山と東京の担当者が合同で開く営業会議は情報共有の場だ。「お客さまのニーズに真摯に応えたら気づきがある。生産現場にいるだけではわからない。お客さまのニーズに徹底的に合ったものを開発していく」(前田社長)。この姿勢で毎年、展示会に新機種を出展している。

伏虎金属工業は創業初期から取引がある三菱電機の冷凍機、空調機の機械部品加工の仕事を現在も続ける。三菱電機には仕事を通じてモノづくりの基本を教わったとの思いが強く、大事にしていきたいという。今後もポンプに専念することなく、事業の2本柱の1つに位置づける。ポンプについては機種をさらに拡充させつつ海外展開も視野に入れる。スクリューポンプを手がけるメーカーは日本ではほかになく、世界でも約10社。その中でも伏虎金属工業ほど独特の特長を有する多様な機種を擁する企業はない。勝算は十分にあるが、前田社長は「海外で勝負できる製品をつくっていかなくては」と気を引き締める。

折しも前田社長の長男・前田高宏専務が2019年9月に入社した。前田専務は「国内ではまだ顧客のニーズを満たしていない。認知度をもっと上げたい。海外に強い商社や国際展示会への出展を通じて海外展開も模索したい」と今後の事業の展望を語る。将来の事業承継を頭の片隅に置きながら、さらなる成長への道を探る日々が続きそうだ。

Profile

前田寛二 *Maeda Kanji*

普通科の高校を卒業後は大学に進学せず、喫茶店に入り浸り好きな読書に没頭していた。前田商店に入るも鋳物や機械加工はまったくの素人。しかし専門的な教育を受けずに独学でドラフターやCADを使っての機械設計を身に付け、独自開発製品を数多く手がけるように。「感動を忘れず、客先からの提案があれば可能な限り開発に取り組んでいきたい」と生涯現役を宣言する。

会社DATA

伏虎金属工業株式会社
〒640-8324
和歌山市吹屋町2丁目33番地

創業
1962年

事業概要
ラジアルベーンポンプ、二軸スクリューポンプ製造販売、冷凍機・空調機関連部品加工、繊維機器部品加工、油圧機器部品加工

URL
https://www.fukko.com

034

半世紀にわたり流体移送のあらゆる課題に挑む

一軸偏心ねじポンプにこだわり幅広い分野で活躍

兵神装備株式会社

設立 1968 年

代表取締役会長
小野　純夫 氏

兵神装備は一軸偏心ねじポンプのトップメーカー。２０１８年に創業50周年を迎えた。主力製品の「モーノポンプ」に特化し、難液を移送・コントロールする社会的課題を解決して、創業当初からの船舶に加え、国内では１００％に近いシェアの下水処理施設の汚泥移送用や食品製造など幅広い分野で採用されている。また、創業２代目の小野純夫会長が開発した、モーノポンプの基本機能を応用し小型・軽量化した「モーノディスペンサー」は自動車業界の様々な製造ラインで採用。電気・電子機器などの最先端技術にも不可欠な存在となっている。

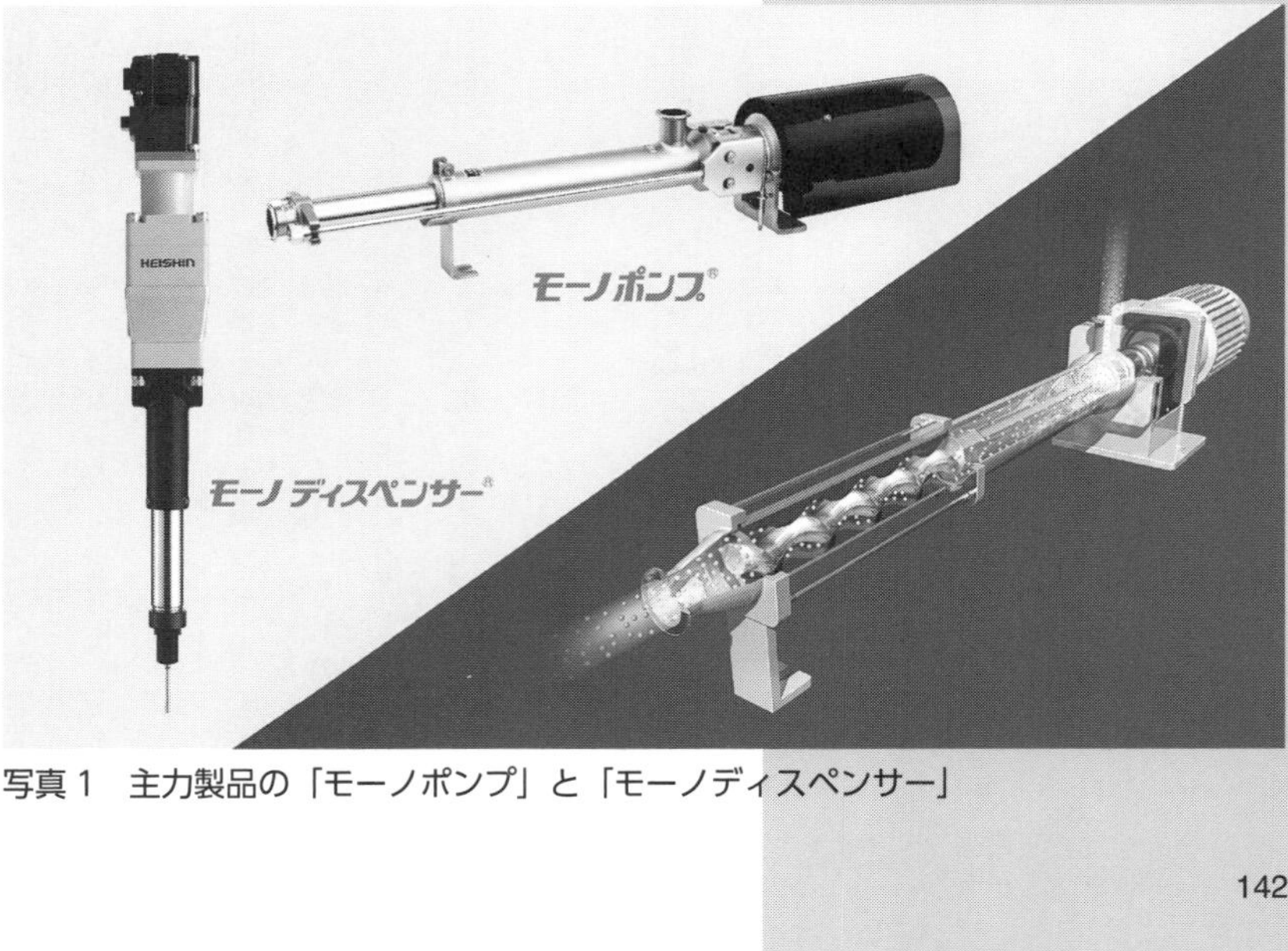

写真１　主力製品の「モーノポンプ」と「モーノディスペンサー」

◉船舶から下水処理場、民間産業分野へ

「世の中の技術革新が起こるとき、時代の変わり目にビジネスチャンスがある」。こう語る小野会長は大学卒業3年目に、創業者で実父の小野恒男に「家業を手伝ってほしい」と頼まれ、１９７５年に入社。社長在任26年を含む46年にわたり多くの努力とチャンスを掴み、２０１９年12月期の売上高は過去最高を更新した。

同社が極める一軸偏心ねじポンプは、雄ねじにあたるローターと雌ねじにあたるステーターで構成。ローターを回転させると高粘度の液体や固体を含んだ液体を吸い込んで次々と吐出側へ移動し、無脈動で定量移送できる。まさしく画期的なポンプだ。68年の設立時に同ポンプを製造するドイツ・ネッチェ社と技術提携を締結し、「ヘイシン モーノポンプ」の歴史と発展が始まった。

船舶分野が祖業のモーノポンプは1号機を造船所に納入。長年、人手に頼った重油精製過程で出る不純物の船底からの汲み出し作業を機械化した。また「世界で一番厳しい米国の海洋汚染防止の法規制をいち早くクリアした」（小野会長）のが追い風となり、船舶の汚水処理装置などが世界中で売れ、創業期の大きな柱となった。

写真２　創業当初の兵神装備の社屋（右）と常設展示スペース「プロダクトスクエア」（左）

モーノポンプは陸用に進出し、新たな市場を開拓することになる。75年以降に日本の下水処理場の本格的な建設が始まると、モーノポンプの特性を生かして下水処理の汚泥ポンプに採用され、着実に実績を積んだ。ただ、船舶や下水処理場向けのポンプはいずれはコモディティ化し価格競合が激しくなると考え、新聞に全面広告を掲載するなど顧客ニーズを新たに発掘し、次第に民需を増やした。また、問い合わせた顧客の相談に「何でも移送できる。できないとはいわない」と社員を鼓舞する創業者精神は現在も受け継がれ、同社に頼めば、どのようなポンプの課題も解決できるという顧客との信頼関係を築いている。顧客ニーズに適切にマッチする設計と仕様でモーノポンプの開発を続け、コンビニエンスストアの販売商品の多くは、同社の製品が生産工程で使われるなど、社員の商品完成までの苦労話と成功談にも事欠かさない。

小野会長が86年に日米で特許取得したモーノディスペンサーは、日本を代表する自動車メーカーの1社に最初に納入された。これを機に自動車業界の工場の接着剤などの塗布や電子部品のエポキシ樹脂の封止など、より精密な作業で役立ち、モーノディスペンサー製品は売上規模で第3の柱に成長している。

写真3　滋賀県長浜市にある滋賀事業所

◉職場環境や社員の人材育成を充実

一方、拠点機能の充実や人材育成、製品のブランド構築にも力を入れてきた。滋賀県長浜市に１９７３年完成の滋賀工場（現滋賀事業所）は、95年の阪神淡路大震災の本社の被災時も「事業継続計画（ＢＣＰ）」拠点の機能を発揮し、安定供給の役割を果たした。また、５Ｓ活動をきっかけに工場や作業環境の向上に着手。地下水を利用した省エネを実現し、広い建屋でも屋内全体に冷暖房が行き渡っている。製品組立ルームでは珍しいグッドデザイン賞を受賞した。滋賀事業所は生産部門のほか、技術研究所や営業オフィス、研修室、製品を実演展示する常設展示スペース「プロダクトスクエア」を備えている。小野会長は「来社した顧客は施設を見て信頼感を増す。営業は誇り高い」と強調する。さらに、技術者技能教育は、スキル認定などの各資格制度や技能五輪への参戦など全社をあげて取り組んでいる。

兵神装備はモーノポンプのプロ集団として、これからもさらに様々な分野で液体を送り出していく。94年に44歳で社長に就任した小野会長は、２０２１年１月１日付けで技術担当役員の市田邦洋副社長を後継者に指名した。創業者から受け継ぐ「一業専心と創意とチャレンジ」のバトンを託し、次の１００年に向けて挑む。

Profile

小野純夫 *Ono Sumio*

1975年、兵神装備に入社。1979年、取締役副社長、1990年、代表取締役副社長を経て、1994年に代表取締役社長に就任する。2021年1月より代表取締役会長となり現在に至る。日本船舶用工業会理事、神戸舶用工業会会長などを歴任。おもな受賞歴に、文部科学大臣表彰科学技術賞、黄綬褒章（ともに2012年）、兵庫県功労者表彰産業振興功労（2017年）、旭日双光章（2020年）がある。

会社DATA

兵神装備株式会社
〒652-0852
神戸市兵庫区御崎本町1-1-54

設立
1968年1月

事業概要
産業用ポンプ（ヘイシン モーノポンプ）および周辺機器の製造・販売

URL
http://www.heishin.jp/

035

遠心分離機の専業メーカー

医薬品向けで国内 70%のシェア

株式会社
松本機械製作所

設立 1939 年

代表取締役
松本　知華 氏

松本機械製作所は遠心分離機の専業メーカー。主力の医薬品向けで長年、国内トップシェアを堅持し、現在は70%を占める。ほかにも化学薬品や農薬、食品、自動車、電子材料、リサイクルなど幅広い分野で使われ、国内外で５０００台を超える納入実績がある。

創立80年超の歴史を誇るが、遠心分離機は戦後から手がけた。洗濯機の製造経験のある技術者が入社し「洗濯機の修理」を看板に掲げたところ、大手製薬会社からドイツ製遠心分離機の修理の依頼を受ける。この企業とやり取りする中で技術を蓄積。１９５０年に専業となり、国産遠心分離機の先駆けとして地歩を固めた。

「うちは『技術の松本』でいくんだと2代目（松本孝社長）はずっ

写真 1　2000 台以上の販売実績のある上部駆動底部排出型遠心分離機「MARK Ⅲ」

といっていた」。松本知華社長はこう振り返る。2代目社長は徹底して技術にこだわった。顧客の声に耳を傾け、要望を上回る新たな機能まで提案した。他社がやらない難しい案件にも好んで関わり、機械を納めた後も改良に出向いた。「技術のクオリティーは落とさない。モノづくりの技術とノウハウが強み」と松本社長は語る。

◉アナログな社内体制を改革

松本社長は創業家の4代目だ。子どもの頃から会社の花見や社員旅行に参加し、二人姉妹の長女の自分がいずれ経営を引き継ぐと自覚していた。社長になる将来を念頭に自分を鍛えようと、大学卒業後はまったく縁のないベンチャーのセールスプロモーション企画会社に入社。経営者の姿を間近で見ながら、営業力や企画力を磨いた。

その後、松本機械製作所に入社し、4年後に父で3代目の松本佳裕社長から引き継いだ。父から「経営を引き継いでほしい」と頼まれたことはない。反対に、父に頼んで前倒しで社長に就いた。

前職での経験と知識を生かし、松本社長はまずアナログな社内体制の改革に着手。紙が中心の文書のやり取りを電子化し、業務の効率化を図った。当初はトップダウンで指示していたが、やがて社員

写真2　熟練作業者が高品質を支えている。右から溶接作業、旋盤作業、組立作業

にヒアリングして課題を引き出し、解決策を示すスタイルに変えた。

その後「ミッションをどれだけクリアできるか」を評価の軸にすえた人事評価制度にするなど、相次ぎ改革を進めた。これらに自発的に応える社員は増えており、松本社長は手応えを感じている。電子化の結果、通常3日かかっていた見積もりは2分に短縮。社員1人平均の残業時間は6年間で4分の1程度に減少した。

創立80周年の節目だった2018年、堺市堺区に新社屋が完成し、旧本社工場など3工場と販売会社を移転、集約した。また松本機械製作所の良さを顧客から1年がかりで聞き取り「『技術の松本』提案力　諦めない粘り強さ　スピード感」という言葉にまとめた。2代目社長が築いた礎を明文化したことで、社員に良さを受け継いでもらい、顧客の要望に一段と応えられる体質づくりを狙う。

◉業務の標準化や産学官連携に力

近年、力を入れているのが業務の標準化だ。顧客から短納期の要望が強まる一方、保守などで出張する作業も多く、技能継承や若手の早期育成が急務だ。昔は「職人の背中を見て覚えろ」といった風潮があったが、そのような人材教育のあり方はもはや通用しない。

写真３　堺市にある本社。ここから高品質な製品を様々な分野に納品している

そこで熟練職人の作業1つひとつを撮影し、工具の持ち方や「なぜこの手順ではだめなのか」といった説明を付けた動画を2017年から制作。機械の組立方や不具合への対応、営業のノウハウなど守備範囲を広げてマニュアル化を進めている。〝できる人〟のノウハウを効果的に伝え、一人前になるのに10年かかるところを3年に短縮するのが目標。将来は社員がタブレット端末で必要なマニュアルにアクセスして学べるように体系化する計画だ。

主力の医薬品向け以外では食品や自動車、電子材料などで需要が拡大している。今後は産学官連携にも力を入れ「自社のノウハウだけではなく、他者とも力を合わせて飛躍的に大ジャンプしたい」と話す松本社長。また、より多くのチャンスを呼び込みたいと、積極的にメディアの取材に応じ、講演の依頼も受ける。話題になればウェブでの検索も増え、思わぬコラボにつながると期待する。

中長期的には技術開発部門を核にした企業に変わる青写真を描く。技術開発部門の社員を順次増やし、10年後をめどに社員の約半数を占める体制を築く。社内では設計に専念し、製品の製作や修理、メンテナンスを外注に任せる構想だ。松本社長は「開発型の企業になりたい。少数精鋭で多くの利益を生み出したい」と話している。

Profile

松本知華 *Matsumoto Chika*

関西学院大学卒業後、広告代理店の営業を経て2010年に松本機械製作所に入社。業務部で仕入や業務改善に従事。2014年6月、松本機械製作所、松本機械販売代表取締役に就任。現在はこれまでの経験を生かしながらマーケティング、技術承継、IT化など様々な変革を行っている。

会社DATA

株式会社松本機械製作所
〒590-0906
堺市堺区三宝町6丁326番地

設立
1939年9月

事業概要
遠心分離機の開発・製作

URL
http://www.mark3.co.jp

036

商社として日本の電機業界を下支え

目指すのはソリューションの総合カンパニー

ミカサ商事株式会社

創業 1948 年

代表取締役社長
中西　日出喜 氏

ミカサ商事は、半導体デバイスや電子部品、ディスプレー、FA（工場自動化）機器など様々な電子機器を扱うエレクトロニクス商社。これらの商品を、松下電器産業（現パナソニック）やオムロン、村田製作所など関西企業を中心に納入。日本の電機産業の成長を下支えしながら、事業規模を拡大してきた。

◉NECの販売代理店として成長

戦後間もない1948年、医療機器や分析・計測機器大手の島津製作所に勤務していた木村幸吉氏が独立。医療用小型X線装置を製造・販売するミカサ電機製作所を立ち上げた。社名の由来は詳細に

写真 1　設立当時のミカサ商事。日本の経済成長に合わせ全国に営業拠点を拡大していく（写真は昭和 35 年、本社前で）

は残っていないが、かつて日露戦争の日本海海戦でロシア帝国のバルチック艦隊を破った戦艦「三笠」にちなんだともいわれる。戦後日本の復興が進む中で木村氏にとってはまさしく、荒波に立ち向かう船出だった。

当時、X線装置の製造に不可欠な部材だったのが真空管。ここから、真空管メーカーであったNECとのつながりが生まれる。やがてNEC製品の販売代理店へと業態を転換し、57年にミカサ商事を設立することになった。その後、高度経済成長期という時代の流れの中で、NECが通信事業とコンピュータ事業に加え、半導体事業を開始する。そこでミカサ商事も主力製品を半導体製品に切り替えて、松下電器産業やオムロンなど関西企業に納入し始める。これらの企業が大企業へと成長するのに伴い、全国各地に営業拠点を拡大。まさに日本の電機業界の発展とともに事業成長を続けてきた。

海外展開を強化し始めたのは70年代後半。東京支店に開設した貿易部が中心となって韓国向けに通信機器を販売し、韓国の経済成長の初期段階を支えた。その後、日本企業の海外進出に合わせてシンガポールに初めての海外現地法人を設立。それを皮切りに、香港やソウルなど海外拠点を拡充していく。こうした拡大成長路線は20

写真２　米国ウエスタンデジタル社製ストレージ販売が現在の主力事業の１つ

００年代初頭まで続いたが、08年のリーマンショックで一転。日本の電機産業の低迷をなぞるように、ミカサ商事の事業経営も停滞期を迎えることになる。

そんな中で、韓国駐在9年目に入っていた中西日出喜氏が本社に呼び戻され、17年に7代目社長として就任する。低迷した韓国向け事業を立て直した中西氏の実績が評価され、今後はその経営手腕を、会社全体の立て直しに振るうことになった。

◉単なる商社業からの脱却を

半導体製品に代わる成長の柱を模索する中、活路を見い出しつつあるのがストレージ（外部記憶装置）やセキュリティーカメラを利用したソリューション事業とクロームブックによる文教ソリューション事業だ。現在、米国ウエスタンデジタル製のストレージを活用し、サーベランス市場を開拓中。また、新型コロナウイルス感染拡大に伴うテレワークの増大や第5世代通信（5G）市場拡大などを視野に入れ、データセンター向けにも提案する考えだ。

一方、セキュリティーカメラの分野では、台湾のビボテックや中国のダーファ・テクノロジーなど海外メーカー製品の取り扱いを増

写真３　グループを挙げて“ソリューションの総合企業”を目指していく

やし、セキュリティソリューション事業に育てたい。中国や韓国からの商品仕入れが拡大する中で、海外戦略の見直しも迫られている。そのため、成長著しいインドへの進出や韓国メーカーが工場を置くブラジルへの拠点新設なども計画している。

「お客様に存在価値を認めてもらうためには従来のエレクトロニクス商社から脱却を急がねばならない――」。中西社長はいま、大きな岐路に立っていると認識する。目指す姿は「安全・安心・便利で豊かな社会の実現に貢献するソリューションの総合企業」だ。グループの多様なナレッジや機能をフル活用して、幅広く多様なハードウェアソリューションを提供すると同時に、高付加価値のソフトウェアソリューションに注力する。グループ内に設計・開発を手がける子会社を複数社抱え、グループを挙げて技術力を高めてきた。今後はM&Aや事業提携を活用して、さらに技術力と提案力の高い企業集団を目指す。一方で、こうした〝脱却〟路線の1つとして、昨年に水晶発振器用ICを設計開発するインターチップ（千葉県白井市）を買収、また、パワーデバイスメーカーへの出資の検討など、メーカー機能も強化中だ。

現在はガバナンス強化と知名度向上を狙い、22年の株式上場を見すえて手続き中。ミカサのSDGsは、セキュリティ・デバイス&DX・グリーン。時代と共に変化するニーズを敏感に読み取り、さらなる飛躍を目指している。

Profile

中西日出喜 *Nakanishi Hideki*

1979年にミカサ商事入社。松下電器産業（現パナソニック）の家電事業向けや、名古屋支店の自動車業界向けの営業などを経験。2007年から韓国駐在。名古屋や韓国で業績を立て直したことが評価され、17年に社長に抜擢された。周囲と十分にコミュニケーションをとり、議論を尽くす重要性を常に心がけてきた。

会社DATA

ミカサ商事株式会社
〒540-0034
大阪府大阪市中央区島町2-4-12

創業
1948年

事業概要
電子部品・電子機器・各種電気製品の製造販売および輸出入業務

URL
https://www.mikasa.co.jp/

037

防爆機器の開発力で存在感放つ

創業精神受け継ぐ100年企業

株式会社宮木電機製作所

創業 1918 年

代表取締役社長
山下　吉行 氏

宮木電機製作所は1918年創業の産業用電気設備メーカー。「誠と奉仕」「技と努力」「和と協調」の3つの経営理念にもとづき、防爆製品など産業における労働者の安全を守るモノづくりを誠実、丁寧に100年以上にわたり続けてきた。

電機メーカーの技術者だった宮木男也氏が配電盤などの製造で独立・起業したことが同社の始まり。1924年、日本で盛んになり始めた人絹（レーヨン）工業向けに求められていた耐食性の高いアクガスイッチを発明した。この功績で宮木氏は当時の発明家50傑に選ばれ、製品も飛ぶように売れた。この頃に開発した技術は後の開発にも受け継がれ、現在もコア技術として存在感を放っている。

写真１　水素防爆対応のネットワークカメラは主力製品の１つ

59年の京都セラミック（現京セラ）の創業時に同社が資金面などの支援を行い、初代社長に宮木氏が就いたこともよく知られている。創業者のモノづくりに懸けた情熱は脈々と受け継がれている。

◉3事業のバランスで安定経営持続

現在、同社の事業は、防爆機器、配電盤に加え、太陽光発電など再生可能エネルギーの集電装置の3事業に大別できる。防爆機器は引火性のガスを使用する工場などで引火、爆発の危険を防ぐ機能を施した電気機器。創業者が開発したアクガスイッチの技術に端を発し、1954年には国の工場電気設備防爆指針制定に参画するなど、同社が古くから重きを置いてきた事業だ。現在の国内防爆機器市場は年60億円前後と大きくはないが、その分新規参入もなく4～5社で市場を分け合う。同社にとっては確実に収益を見込める事業となっている。耐圧防爆型監視カメラやタッチパネル、モニターなど、同社が先駆けとなった防爆機器も数多い。

配電盤では工場構内の動力負荷を制御するコントロールセンターがロングセラーとなっている。一方、太陽光発電関連製品は、縁のある京セラのソーラー事業と共同で開発してきた。太陽光発電の余剰電力の固定価格買取制度（FIT）が始まりソーラーバブルと呼ばれた2013年度には、同社の接続箱も爆発的に売れた。

山下吉行社長は同社の強みを「1つの事業に偏らず、3事業のバランスが取れている」と話す。過去も1つの事業が不振のときも他事業の業績がカバーし、安定経営を持続することができた。半面、

写真2　創業者・宮木男也氏の銅像。優れた技術者であり発明家だった

変化が少なく規模拡大することもないが、100年企業実現の下支えとなっていることは間違いない。

◉誠実基本に顧客と信頼関係築く

山下社長は青森県出身。京都の大学に学び、就職時に「できれば東日本で働ける企業を探していた」ところ、東京での営業強化を図っていた宮木電機製作所と巡り会った。当時の会社の印象を「自分が生まれる前から働いている人などベテランが多く、歴史のある会社と感じた」と話す。

配電盤やコントロールセンターの需要も旺盛で「リピートオーダーが多く、楽しく仕事ができた」。だがバブル経済崩壊後は環境が一変した。製造業が苦境に立たされ、「提案営業を進めなければ製品が売れなくなった」。それでも経営理念の誠実は自身の性格にも合っていた。もともと顧客とは信頼関係ができていたこともあり、実績を残すことができた。

社長就任前後も先代からアドバイスを得ながら、経営理念、経営方針を受け継いでいる。

写真3　本社工場での配電盤製造の様子

◉仕事が楽しいと思える会社に

同社は次の１００年のビジョンを「常に夢を追い続け、新しいモノを世に送り出し続ける技術開発型企業」と定めた。山下社長は社員に「お客さまの身になって、あるいは自分が買う側に立って、製品をつくってほしい」と呼びかける。

今後、重点を置くのはＩｏＴ（モノのインターネット）活用や再生可能エネルギー分野だ。特に再生可能エネルギーはわが国も２０５０年にＣＯ２排出ゼロにする目標を打ち出しており、再浮上の可能性が高まっている。従来の太陽光だけでなく、水力、風力、バイオマス発電などの周辺装置開発を進める。

「社員を大事にする会社」であることも変わらない。かつては会社の中に技術者、技能者を育成する養成校があったり、創業者の遺志により設立した基金で社員の奨学金返済を補助したり、人材育成には並々ならぬ力を入れてきた。今も個人のレベルアップのため研修にかけるお金は惜しまない。

「仕事が楽しいと思えるような会社であり続けたい」と山下社長は語る。１００年企業の誠意は振れることがない。

Profile

山下吉行 *Yamashita Yoshiyuki*

1983年入社。2012年まで東部営業所に勤務、名古屋営業所長、西部営業所長を経て、2015年取締役営業本部長。2016年取締役総合管理部長兼品質保証室長として本社工場に勤務、2019年1月社長に就任した。

会社DATA

株式会社宮木電機製作所
〒621-0013
京都府亀岡市大井町並河3-16-18

創業
1918年

事業概要
電気機械器具の製造販売

URL
http://www.miyaki-elec.co.jp/

中国・四国で愛される長寿企業10社

038　株式会社ウィズソル
039　株式会社キョウエイ
040　株式会社サンテック
041　大豊産業株式会社
042　高松帝酸株式会社
043　株式会社滝澤鉄工所
044　田中食品株式会社
045　株式会社ナガ・ツキ
046　日本フネン株式会社
047　株式会社明和工作所

038

産業、社会インフラを支える検査・診断のプロ

大型タンク検査数、全国シェア１位

株式会社ウィズソル

設立 1961 年

代表取締役社長
外輪　純久 氏

ウィズソルは、石油・石化プラント・発電所などの設備、重厚長大メーカーが製作する大型構造物などの産業インフラや社会インフラの非破壊検査を中心とした検査・診断のプロフェッショナルだ。全国約30カ所に事業所を展開する。石油プラントの大型タンク検査数は年間１００基以上に対応し、全国シェア1位を誇る。今後は国内だけではなく、設置から40年を経過する石油・石化プラントが増加すると見られるタイやベトナムなどの東南アジア諸国で、培った検査技術を生かした事業展開を検討している。企業規模の拡大、成長につなげ売上高１００億円を目指す。

同社の設立は１９６１年。設立後は三菱重工業の製鉄機械関係や

写真１　保守点検費用の低減ニーズに応え無線化した「UDP-32」

ボイラー、タービン、船、製品の非破壊検査を手がけ、75年には大型タンクの非破壊検査を開始。その後も石油関連顧客の合併に伴い、各地の事業所で新たに検査業務を獲得し事業を拡大していった。

◉顧客の声を反映した装置開発

ウィズソルの強みは、顧客の要望を反映した検査装置を自社で開発し技術提供すること。代表的な装置は超音波を用いた連続板厚測定装置「ＵＤシリーズ」だ。近年、開発した「ＵＤＰ‐32」は、大型配管など鋼構造物にマグネットローラーで吸着し、モーター駆動で自走するロボット。バッテリー駆動で電源ケーブルは不要。32個の超音波センサーがあり、タンク側板や配管の腐食、減肉個所などを調べ、無線通信により離れた場所にデータを送信できる。

この検査装置の無線化は、顧客から要望のあった保守点検費用の低減に応えるためだ。有線の場合は、電源や超音波センサー用のケーブルもあるため高所配管の点検時には足場を設置する必要がある。保守点検費のうち、足場設置などの付帯工事費は約7～8割を占める。ＵＰＤ‐32のように無線化すると、検査開始地点など一部の足場設置で済むことになる。外輪社長は「付帯工事費用が減ると、従

写真２　資格取得に向けた社内教育風景

来よりも検査個所を広げられる」とメリットを話す。

装置開発は社員の作業負担軽減や安全性を高めることにも役立つ。例えば、石油タンクの検査など夏場は気温が高く、連続した作業時間が15分程度になるなど検査作業環境は厳しい。有線装置の場合は、超音波センサー用ケーブルや電源ケーブルを移動させる必要もある。無線化、自走ロボットにより高所作業も減らせるメリットがある。マイクロドローンを活用した検査は、高所や人間が入りにくい場所の目視検査に活用している。配管などの肉厚検査ができる機器を搭載したドローンの開発も進めている。現状は本格的な事業化に向けて具体的なニーズを探っている段階だ。

◉コミュニケーションと信頼の獲得

検査には資格が必要で、個人の技術向上も欠かせない。これまでは非破壊検査資格取得のため社内で集合教育や実技試験に向けた講習会を実施してきたが、現在は新型コロナウイルス感染症対策のためWEBを活用し成果を上げている。ただ外輪社長は「検査に要する技術に関しては、検査会社間で大きな差はつきにくい」という。いままで顧客獲得につながってきたのは検査の内容に加え、礼儀、挨拶などのヒューマンスキル、信頼に重きを置き、人材を育成してきたことが関係していると分析する。また、検査員には結果を顧客にわかりやすく伝えるコミュニケーション能力が求められる。顧客のニーズや困り事を話してもらうにも、ブランドビジョン「守る、をともに。」を実践するうえでも、顧客とコミュニケーションをとり関係構築を図る能力は欠かせない。

前任の中野克己社長の口癖は「よく働き、よく遊べ」だった。同社では福利厚生で、ゴルフ、野球、ウォーキングなど同好会活動に補助金を出している。また、会社行事として年4回の懇親会、年1回の全社ボウリング大会も開催している。こうした活動は様々な人とのコミュニケーションをとるための訓練にもなる。

国内は少子高齢化もあり人材確保も難しくなっている。新型コロナウイルスの影響で予定は遅れているものの、２０２１年７月にはベトナム人社員５人が入社する予定だ。検査事業は労働集約型であるため、人材獲得面で手を打っている。ベトナム人社員の採用は、将来へ向け東南アジアで事業展開する際の人材としての期待もある。

今後、国内では石油・石化プラントなどの検査市場の拡大は見込みにくい。また社会インフラである発電所においても、世界的な二酸化炭素（ＣＯ２）排出削減の動きは早く、石炭火力発電プラントの新設は難しくなっている。これからは、液化天然ガス（ＬＮＧ）や水素などのクリーンエネルギーの利用が進むと予測されるが、ＬＮＧや水素のタンク設備などは腐食性が少なく、また低温貯蔵になるため高度な合金素材を使っている。したがって、従来の鉄鋼材料以外にステンレスなど特殊材料の検査ニーズが高まってくると見ており、これに対応する検査技術の開発を進めていく。一方、東南アジアでは40年を経過する石油・石化プラントが増加すると見られている。今後、プラントを安全に安定して操業させるには予防保全、事後保全など設備検査は必須であり、非破壊検査の需要が高まる見通しだ。同社は国内で培ってきた大型プラント、発電所などの検査、診断のノウハウを東南アジアに進出して生かす考えだ。２０２０年３月期の同社売上高は62億８０００万円。今後の目標として売上高１００億円を目指しており、12年をかけて達成させる計画だ。

Profile

外輪純久 *Sotowa Norihisa*

1980年入社、検査部門担当、2009年に取締役などを経て、2020年4月社長就任。

会社DATA

株式会社ウィズソル
〒733-0035
広島県広島市西区南観音6-2-13

設立
1961年

事業概要
非破壊検査、熱処理工事、設備診断、技術者派遣

URL
https://www.withsol.co.jp

039

深孔加工のリーディングカンパニー

深孔の加工受託と深穴専用機械の双方で顧客の信頼を勝ち取る

株式会社キョウエイ

創業 1964年

代表取締役
坂口　光博 氏

キョウエイは、深孔の穴開け加工の受託と加工機械の製造販売の双方を手がける専門事業者。深孔加工にも2種類あり、ワーク（加工対象物）を回転させながらその中央部に孔を開けていくＢＴＡ（ボーリング・トレパニング・アソシエーション）加工と、ワークを固定して工具を回転させるガンドリル加工のいずれも加工と機械販売を行っている。

実績がある分野は、航空機エンジンシャフトや船用エンジンシャフト、風力発電機や工作機械の部品など多岐にわたる。顧客は、東は北陸から西は九州にまで広がり、大手メーカーも多く名前をつらねる。加工と設備の双方をみずから手がける企業は珍しいこともあ

写真１　「KYOEI-DEC」ブランドのBTAマシン

り、「深孔加工のエキスパート」に向けて日々業務に励んでいるところだ。

◉ねじ加工から深孔加工へシフトし成長

創業は１９６４年。創業者の故・石村公二氏が、ねじの受託加工を本業とする「石村ネジ製作所」を広島県福山市で開業した。当初は個人事業であり「鋼材を鍛造したり機械でねじ山を切ったりと、鍛冶屋さんのようなもの」（坂口光博社長）だった。ねじ加工を手がける時代が長く続き、穴開け分野に参入したのは85年のこと。地場の工作機械メーカーから主軸スピンドルの穴開け加工を受託したのだ。88年には、備後地方で初めて大型のガンドリルマシンを導入し、事業を本格化した。

現在社長を務める坂口光博社長が入社したのは94年。３代目社長である故・石村邦和社長に誘われてのことだった。石村社長は坂口社長と幼稚園時代からの幼なじみ。ちょうど母親の後を継いで社長に就いたときで、古くからの友人に会社を手伝ってもらおうとのことだった。会社の主力業務はまだねじ加工で、穴開け加工機はＢＴＡとガンドリルが２台ずつだけだった。社員16人程度、スレートぶ

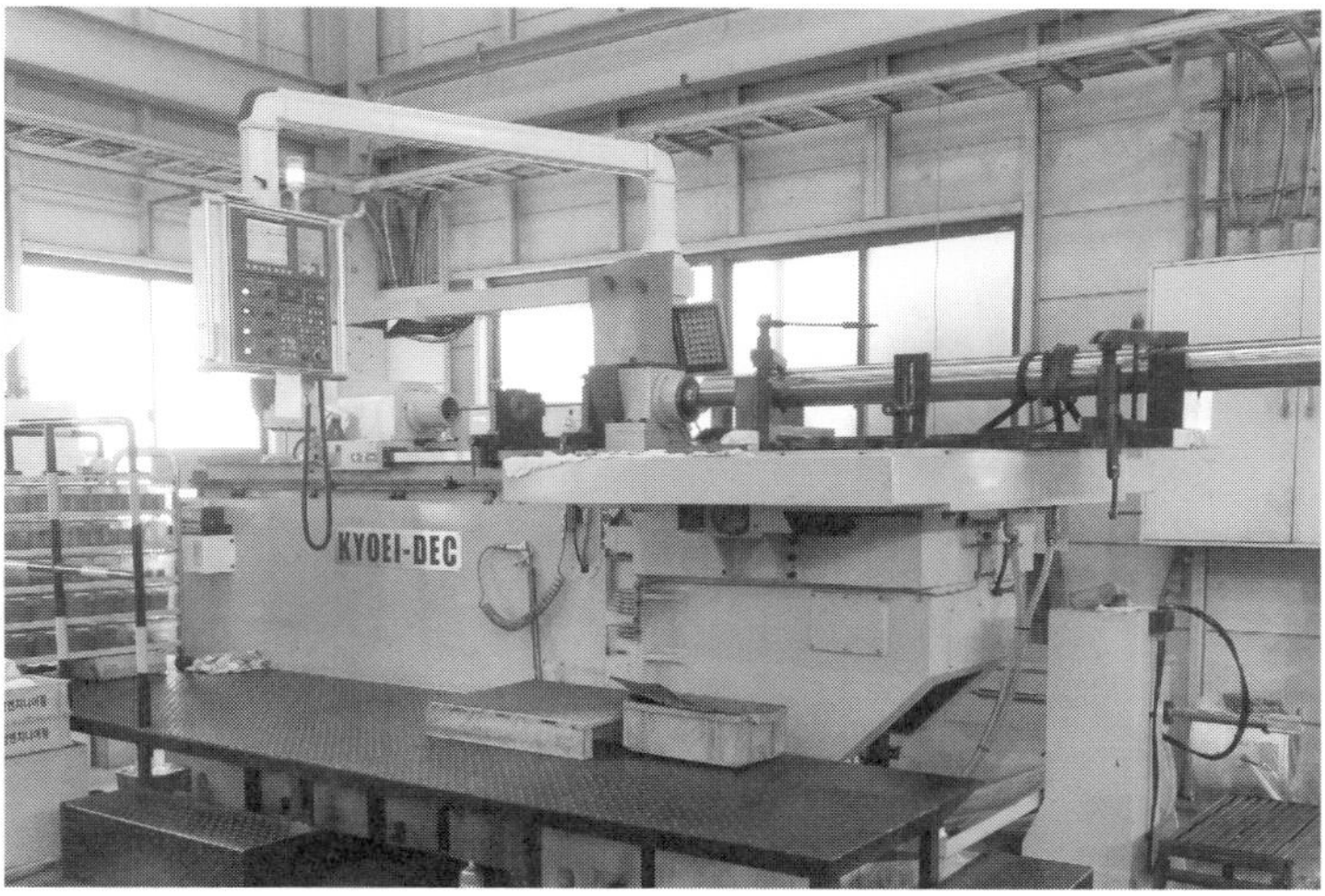

写真２ 「KYOEI-DEC」ブランドのガンドリルマシン

きの町工場で「こんな会社だと社員も集まらないだろうなと思った」と坂口社長は率直に語る。

そこからの同社の成長の歴史は、深孔加工の強化の歴史そのものだ。「BTAをどんどん伸ばそうと決めて、ねじ加工からは撤退していった」（同）。96年に本社を現本社に移転し、同時に大型BTAマシンを導入。2006年には本社工場を増強し、大型BTAマシンを一挙に3台導入した。重工業メーカーから航空機エンジンシャフトの穴開けを受託したためで、必要な航空宇宙関連の品質管理マネジメントシステムの認証も取得するなど、事業体制も整備した。

深孔の加工受託だけではなく、加工機械への参入も徐々に進めていった。2004年には自社で設計し、韓国企業に製造を委託したBTAマシンを導入。2010年には経験がある社員を採用して「機械事業部」を新設、BTAとガンドリルマシンの販売を本格化した。機械の製造こそ韓国企業に委託するものの、電装系部品には日本製を採用して信頼性を高めている。

◉自社ブランドを冠した機械を発売

機械事業への参入は、当初は懸念する意見も社内にあったという。

写真3　広島県福山市に構える本社工場

客先が自前の機械を設備してしまえば、深孔加工の受託が減るというのである。が、それは取り越し苦労だった。機械を導入した顧客でも仕事量が増えれば加工を請け負えるし、機械の商談を進める中で、ちょっとした加工の受託案件が出てくる。加工と機械の双方を手がけることで深孔加工への知見をより深めることにもつながった。

２０１７年には自社の社名を冠した「ＫＹＯＥＩ－ＤＥＣ」ブランドの機械を発売した。「自社のブランドでやりたいというのは、亡くなった石村邦和社長の夢だった」と坂口社長。18年には石村社長が急逝し、坂口社長が後を継いだ。

同社の機械の特徴は量産立上までの期間が短いこと。客先の工場に据え付けてから量産開始まで1週間あれば足りる。しかも、業界の標準を大きく上回る加工精度が出せるという。深孔加工を自ら手がけ、勘所を知り尽くした同社ならではであり、評判が評判を呼ぶかたちで、新しい注文が来るといういい循環が回るようになった。

いまでは世の中にない新しい材料の穴開け加工の依頼も、材料メーカーから持ち込まれる。深孔加工のエキスパートという評価が確立されてきた証でもある。「とにかく『何でもやります、何でも穴開けます』といって仕事を取ってきた。そうしたところしか活路がなかった」と坂口社長は振り返る。19年には創立50周年を祝う祝賀会を開催した。次の半世紀を見すえて新時代の機械の構想も練り始めている。

Profile

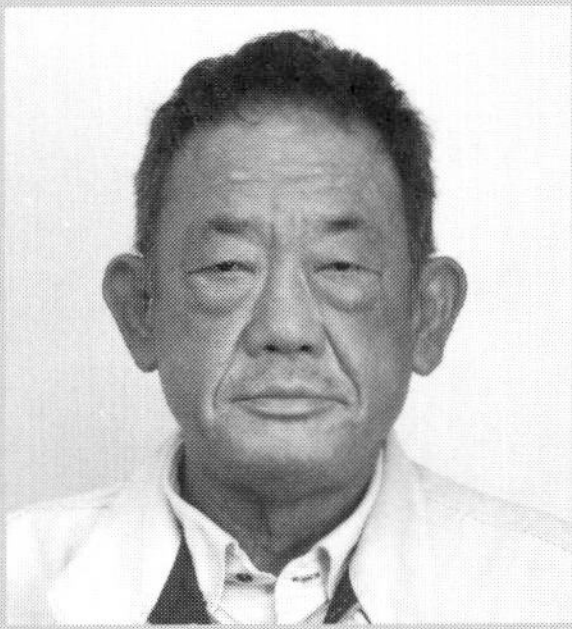

坂口光博 *Sakaguchi Mitsuhiro*

1980年福山商業高等学校卒、薬品商社、鋼材商社を経て1994年協栄ネジ製作所（現キョウエイ）入社。98年専務、2018年2月社長就任。広島県出身。前社長の故・石村邦和社長とはいわば「竹馬の友」。石村社長が地域の異業種交流や地域貢献活動などに奔走する中、長く会社の実務を担い、経営を支えてきた。

会社DATA

株式会社キョウエイ
〒721-0957
広島県福山市箕島町456-46

創業
1964年9月1日

事業概要
BTA深孔加工、ガンドリル深孔加工、機械加工、精密機械加工、および鍛圧機械・産業機械・省力機械の設計製作

URL
https://kyoei-steel.com/

040

香川県の溶接Shokunin集団

世界進出を果たした製缶メーカー

株式会社サンテック

設立 1991 年

代表取締役社長
青木　大海 氏

香川県に「All for the family（すべては家族のために）」という経営スローガンを背負って仕事をしているShokunin集団がいる。2021年3月に完成する3000㎡の新本社屋「SUNTECH Learning Center（サンテックラーニングセンター）」を拠点に、国内だけでなく、海外での事業展開も加速させているサンテックだ。

同社は溶接職人だった創業者の青木喬氏が「青木組」として独立した後、1977年に有限会社朝日産業として法人化したのが始まり。当初は高松市内の農機具メーカーの構内下請けとして図面・材料を支給されるかたちで、溶接に特化した業態だった。農機具メー

写真１　熱交換器を多く手がける本社工場
近隣にはステンレス専用工場を構える

カーが営業品目を多角化するのと歩調を合わせるように朝日産業も鉄工職人を雇い入れ製缶を行うようになったが、その間にもアフリカ・アルジェリアで日系企業が手がける石油プラントのパイプライン建設などに先代が職人を連れて出向いていった。91年に株式会社に改組し、92年には綾川町に工場を新築し本社移転を果たした。

その頃から自社での営業も開始し、直接取引をする顧客も開拓していった。最初は県外企業との取引ばかりだったが、そういった状況でも、抄紙機と呼ばれる紙の製造工程で使われる装置や有機廃棄物の乾燥機、熱交換器、発酵槽といったプラント設備機器の製造が大きな柱となり、「あの頃のいろいろな案件が、いまのサンテックの基礎をつくった」と古参社員は振り返る。中でも大阪の「舞洲スラッジセンター」開設にあたっては、1年間で21本の熱交換器を製造し、本社前の空き地が足の踏み場もないほどになった。

◉新しい時代へと、海外市場に進出

2013年に現社長の青木大海氏が家業入り。先代が職人と共に培ってきた高い溶接技術を生かしたモノづくり・職人魂を受け継ぎつつ、マーケティングの視点を取り入れた営業を展開。11年には水

写真２　第１種圧力容器

道用ステンレス鋼管の検査重量実績で日本一になった。「あの頃は、うちでできるものを1つでも多く、がむしゃらに営業した」と青木社長は笑う。豊洲市場の地下には、同社が製造した配管が100本埋まっている。同時に、顧客の多様化によるリスクヘッジにも着手。取引先の大半を占めていた官庁向け案件を、官民6対4のバランスにまで引き上げ、上下水道産業向けが主だった取引先の業種も化学、食品、医薬、製紙、製鉄と広げた。

また、海外市場への進出にも着手した。16年からエコステージエンジニアリング（福岡市博多区）との協働で、国際協力機構（JICA）のスキームを使った事業として、モロッコでのオリーブ搾油かすの再資源化プロジェクトをスタート。オリーブオイルの生産が盛んな地中海沿岸諸国に、クッカーと呼ばれる有機廃棄物の乾燥機を売り込む考え。「食品廃棄問題の解決に貢献できる」（青木大海社長）とし、モロッコを足掛かりに、欧州およびアフリカ全土も視野に入れる。18〜19年にはミャンマーと中国に相次いでグループ会社を設立。ミャンマーでは、これまでサンテックSUS工場（綾歌郡綾川町陶）で製造していたものの一部を移管し、日本で技術を身に付けた技能実習生OBが活躍し始めている。人口減に伴う人材不足を、技能実習制度の趣旨を尊重しながら補い、帰国後の活躍の場所も提供するといった循環型の人材育成戦略を採っている。

写真3　新本社屋「SUNTECH Learning Center（サンテックラーニングセンター）」

サンテックの事業はSDGs推進の取り組みにも重なる。企業理念にもうたわれている「日本のモノづくりを通じて国際社会をより豊かにするために存在するShokunin集団」というビジョンの実現には、社員1人ひとりの家族の幸せがあってこそ。職人は冒頭の経営スローガンを通じて、SDGsの目標8と10を強力に推し進める。21年に既存の本社工場とSUS工場を統合するかたちで本社工場を移転新築し、製造能力の強化を図る。「海外拠点とも常時モニター接続した体制をつくり、中国やASEAN諸国でも顧客開拓していく」と青木社長は語る。

◉進取の気性を継承

サンテックは、スピード感を持って時代に応じた挑戦を続けることをテーマに取り組み、トライ&エラーを恐れず邁進している。その過程で「〝結果〟を残し続けることが大切」と語る青木社長。「結果といえば『成功したこと』と捉えがちだが、失敗も1つの結果」と続ける。先代社長は四国で初めてTIG溶接機を用いて広めたとされる。多くのトライ&エラーを経て成し得たはずで、このような先代譲りの進取の気性を継承しているところに同社の強みがあり、これを基盤に、次は世界を見すえた組織づくりを進めている。

Profile

青木大海 *Aoki Hiromi*

1982年4月22日生。岡山県総社市出身。2003年、関西外国語大学 短期大学部卒。2005年、アメリカ大使館商務部、2007年、リーマン・ブラザーズ証券、テンプル大学国際関係学専攻を経た後、2008年、サンテックに入社。2013年に代表取締役社長に就任し、現在に至る。

会社DATA

株式会社サンテック
〒761-2308
香川県綾歌郡綾川町羽床下2137-1

設立
1991年8月2日

事業概要
鋼管・溶接加工業（厚生労働省所管の第一種・第二種圧力容器、熱交換器、真空槽、医療機器等の設計・製造・販売）

URL
http://www.suntech.link/

041

創業から、四国の生活を明るくする

手作業と最新技術の融合で高度な加工サービス展開

大豊産業株式会社

設立 1949年

代表取締役社長
乾　和行 氏

大豊産業は、1949年設立の技術商社。四国の大手電力会社を顧客とし、電気関連資材の卸売業者から始まった会社だ。そこから工場向けの各種計測・制御機器など関連資材を手がけ、現在では太陽光などの新エネルギーや、ロボットビジネスなどの新エネルギー・IoT関連事業まで幅広く展開している。

◉社名の通り四国経済を支え、成長を果たす

創業者である乾功氏は太平洋戦争時に従軍し、中国での激戦をくぐり抜けて復員する。こうした経験から「経済では勝つ」ことを誓い、高松での事業を決意した。戦時中から高松は人や物資が集積し、

写真１　納入後の保守メンテナンスに定評がある

四国経済の中心地だった。そこで目をつけたのが大手電力会社への変圧器など電気関連資材の調達。当初は、顧客の要望通りに調達するのが主だったが、朝鮮戦争特需の後押しなどを受け、日本経済の復興とともに取引顧客が増大。これに伴い会社規模も大きくなり、現在の大豊産業の礎が築かれることになる。「大豊産業」という社名は、功氏が兵役に従事していた際、現地の地名や商店の名前の頭に「大」のつく名前が印象に残っていたこと。そして「豊」かな暮らしを強く願っていた時代だったことを踏まえ、「大」と「豊」の2文字を付したことに由来する。以後は、社名通り、電気という国民に必須のインフラ事業を通じて、四国経済を支える重要な1社となった。

2代目社長となる、長男の篤之氏が就任したのは1989年。「当時は職住一体の環境だった。何をしなければならないかは理解していた」と、後に振り返っていたように、いまの大豊産業につながる改革を行う。具体的には、中心となるインフラ関連事業を安定化すべく取り扱う電気関連資材を充実し、本格展開を始めた。また社員数の増大に伴い、力を入れたのが人間力を中心とした人材育成だった。「物心両面のしあわせ」を意識する取り組みにより社員の心の

写真2　顧客との密な対話が一貫したトータルサービスを可能にしている

あり方を整え、かつ「フィロソフィー手帳」という独自に作成したツールにより全社員のベクトルを合わせ、人間力の向上に努めた。さらには、能力のある若手社員を積極登用しつつ、社員へのフォローアップ体制の充実を通じて、このような人を大切にする経営を会社づくりの基盤とする体制を築く。2014年の「四国で一番大切にしたい会社大賞」の受賞は、その証左の1つである。併せて、篤之氏は今後の会社を見すえ、いくつかの成長策を打ち出した。メンテナンスなどのサービス部門の充実や、自社業務の補完を目的としたM&A（合併・買収）である。現在、大豊産業のグループ会社は4社あり、そのすべてが篤之氏の手腕により傘下に収めた。シナジー効果を発揮できる経営体制をつくり上げたのである。

◉3代目就任、若い経営者とこれからへ

その後、現社長の和行氏が社長に就くのは2019年1月。辣腕を振るった篤之氏の急逝に伴い経営を託された。17年に入社したばかりで、当時は松山支店に在籍中だった。「社内でも不安がる声はあった」。それでも「お取引先様からたくさんの応援の声をいただき、それが会社全体の結束を強めた」と神野孝博専務取締役は、こう当

写真4　高松市にある本社ビル

写真3　異常判定用AIを実装する自律走行型ケージ監視システム「Robococco」

時を振り返る。就任して2年だが、「拡大志向は強い」と自身の経営スタイルを力強く語る和行氏。さらなる拡大に向け、次のような経営方針を掲げる。１つは、四国エリアのさらなる強化。もう１つが、日本全国および海外への事業拡大だ。前者では、地元四国で生まれた会社として地元貢献をテーマに、安定とさらなる強化を目指す。四国内10カ所の支店や営業所を通じて顧客に対してさらなる質の高いサービスを求めていく。後者では、国内で未開拓の新規顧客先を取り込むため、さらなるＭ＆Ａの実施とグループ会社の再編により選択と集中を進めていく。将来的には、和行氏自身の留学と商社での海外勤務の経験を生かした海外事業の展開を見すえており、これによりグループ売上高１５０億円から５００億円に引き上げることを目標としている。

こうした方針を示しつつも、和行氏は顧客と社員への思いを忘れない。「当社は、多くの商品知識やノウハウを持っており、約３０００社以上の企業との取引がある。顧客から求められる製品やサービスを提供し、お客様が気づいていないサービスを提案できるのが強み。メーカー同士を引き合わせるなどし、当社を利用することでお客様に幸せになってほしい。それが社員の幸せにもなる。会社は家族。社員を愛していきたい」。社員を大切にする経営を若い現社長が継承し、三代にわたり実践しているのが同社であり、顧客からも社員からも支持され成長し続ける理由がここにある。

Profile

乾和行 *Inui Kazuyuki*

1984年1月3日生。香川県高松市御坊町出身。大手商社の海外支店での勤務経験を経た後、2015年4月、慶應義塾大学大学院　経営管理研究科　入学。2017年3月、同経営管理研究科修士課程修了。2017年4月、大豊産業に入社。2019年1月に代表取締役に就任し、現在に至る。

会社DATA

大豊産業株式会社
〒760-0023
香川県高松市寿町一丁目1番12号
パシフィックシティ高松ビル9階

設立
1949年10月26日

事業概要
インフラ・省力化・新エネルギー・IoT関連事業の設備機器材料の販売・設計・施工・保守

URL
https://www.taihos.co.jp/

042

四国で活躍する総合ガスコーディネーター

「モノ」より「コト」を提案する「購買代理店」

高松帝酸株式会社

創業1950年

代表取締役社長
太田　賀久 氏

「今日のお体の調子は、いかがですか」。在宅患者に向けて高松帝酸営業担当者の1日は、そんな問いかけから始まる。呼吸器などに疾患を持つ在宅治療者の家に訪問し、酸素ガス残量のチェック、機材や付帯機器の確認も行う。患者の様子に変化があれば医師や医療機関に状況報告までする。このような呼吸治療に要する医療用酸素ガスや製造業で使用される工業用のガス、そして、ガスに関する資材や機器までも手がけるのが高松帝酸。目に見えないガスのように、四国に住む人々の暮らしを陰で支える会社だ。

1950年、初代社長の太田嘉太郎氏は、高松市で帝国酸素（現日本エア・リキード）の空気液化分離器の中古機を購入し、同社の

写真1　医療用酸素ガスや工業用の高圧ガスなどの供給で地域に貢献している

技術指導のもと高松酸素を創業した。朝鮮戦争が始まり日本は特需景気に沸いていた。モノをつくるためには工場が建設され、工場を動かすには産業用ガスが必要となり、四国の各地にも工場が多く誕生した。高松酸素もこの流れで産声を上げた一社。後の帝国酸素との事業ジョイントベンチャーとして63年に設立された。

◉きっかけはアメリカ式スタイル

創業者の嘉太郎氏は、社長を１９７３年まで務め、娘婿である克己氏が2代目の社長となった。翌年の74年に入社したのが、克己氏の長男で現社長の賀久氏だ。幼い頃から家業に触れ、「気がつけばガスに興味を持っていた」賀久氏は、高校時代のクラブ活動は理学部に所属し、慶應義塾大学理工学部で熱力学を学んだ。フロンガスやハロゲンガスの研究に打ち込んだ後、73年帝国酸素に入社し、父である克己氏と二人三脚で、次期経営者として会社の様々な改革を行った。そして、87年に37歳の若さで社長に就任した。

賀久氏は社長就任直後、視察旅行でアメリカを訪問した。そこで見た家具店の様子を見て衝撃を受ける。「客は家具だけでなく快適な居住空間を求めていた。このことがいまにつながった」。椅子な

写真２　医療用液化酸素製造設備

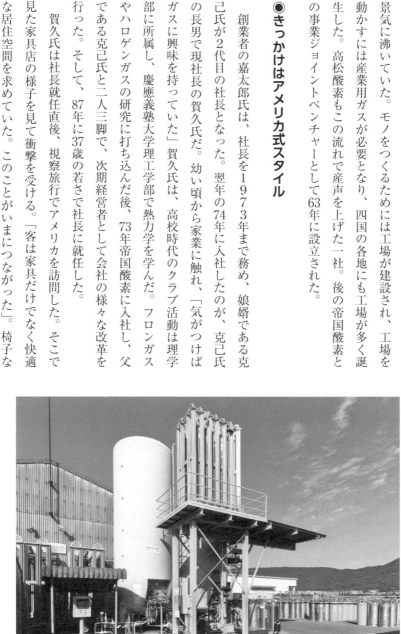

ら椅子だけ、寝具なら寝具だけという売り方ではなく、客が求めているような部屋をカーテンなども含めた家具全体で演出する展示の仕方だった。「お客さまは、ガスを求めていない。ガスでつくれる『コト』を求めている」と考えを刷新し、新たな挑戦を始めた。

高松帝酸は創業から、造船所・鉄工所などの製造業や病院などの医療機関向けの酸素ガス、窒素ガスの製造販売がメイン事業。対応範囲は広く、電子部品、農業、製薬業などの顧客も多くある。要望に応じて仕入れたガスを自社工場で加工、充填して出荷が基本だ。「ただこれだけでは、ガスつまりモノを売っているだけ」と気づいた賀久社長は、同社のモットーである『モノよりコト』を意識するようになる。「モノを売るだけはメーカー。当社はデリバリーから、その後、お客さまの求めるコトまで提案する、ガスのトータルプロデューサー」として、今日の業態を築いてきた。医療用ガスであれば、酸素ガスを製造販売し病院まで届け、ベッドや手術室までの配管設備までも自社で設計し、工事まで一貫して担当する。患者が在宅療養に切り替えたら、冒頭のように営業担当者が直接訪問するなど、まるで医療コーディーネーターのような仕事を行うのも特徴だ。

78年に医療ガス配管設備工事を始めてから、いまでは四国内の病

写真４　高松市に構える本社社屋

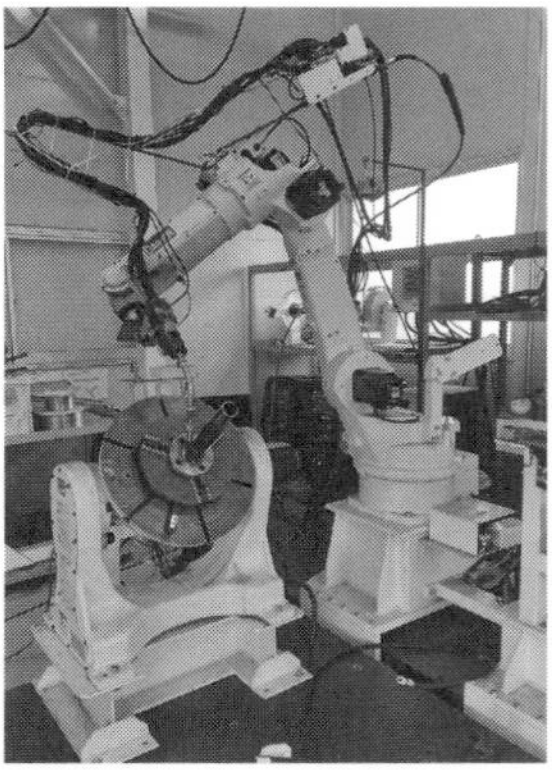

写真３　産業用ロボットのメンテナンスにも対応するなど独自の営業スタイルを構築

院の半数に同社が携わるようになっている。産業用でも同様で、例えば溶接ガスでも、ガスを軸として、その周囲に必要な資材、計測装置までを届ける。いまではロボットを扱える技術までも顧客に応じてカスタマイズし、そのメンテナンスも対応するなど、『購買代理店』という独自の営業スタイルを構築させた。アメリカの家具店で見た、トータルコーディネートのスタイルを社内で実現させてきた。

◉ガスと人材を通じて四国を陰から支える

「大事なことは四国内で四国の方々への仕事を行うこと。地域密着型・ガス密着型・顧客密着型。それを社会的使命と捉えている」と太田社長は語る。「当社はガスから離れるような事業は行わない」。しかし、直接目で見ることができないガスなだけに難しさはある。それだけに同社の信頼を支えているのは技術力。社内外での研修には積極的で、特に社員の自発性を重要視している。「試行錯誤してこそのアイデア」と２０３０年をターゲットにした〈Ｖ２０３０〉経営ビジョンを30代から40代社員を中心に、フリートークによって意見を出し合って策定させた。「何でも実践できる環境をつくる」と次世代の会社経営に向けて必要なことは社員の自発性を促し、それを実践させる信頼が高松帝酸にはある。

Profile

太田賀久 *Ohta Yoshihisa*

1950年生まれ。1973年慶応義塾大学理工学部卒。同年日本エア・リキード入社。1974年高松帝酸に入社し、産業・医療用ガスの製造・卸専門の当社を、「モノよりコト」の考えのもと、産業ガス営業部、設備工事部、営業開発部、溶接機材部、在宅医療部門を立上げ、四国一円に営業拠点を設け、トータルコーディネートを実現。1987年社長就任、IoT、水素ステーション、フッ素ガス表面処理などSDGs関連の先端技術に挑戦中。

会社DATA

高松帝酸株式会社
〒760-0065
香川県高松市朝日町5丁目14番1号

設立
1972年7月8日

事業概要
産業・医療用ガス製造・販売、在宅医療、関連機器・資材販売

URL
https://www.takatei.co.jp

043

顧客ニーズに即したカスタマイズで高い信頼

創業100周年を迎える老舗工作機械メーカー

株式会社滝澤鉄工所

創業1922年

代表取締役社長
原田　一八氏

滝澤鉄工所は旋盤や複合加工機などを生産し、2022年に創業100周年を迎える老舗工作機械メーカー。企業としての大きな節目を目前に控え、次の100年に挑むため様々な改革を進めている。企業を取り巻く環境が大きく変わる中、省電力型の工作機械を開発するなど製品競争力を高めるほか、海外での営業強化やデジタル変革（DX）なども同時に進めていく方針だ。

同社は1922年、滝澤修作氏と滝澤七三郎氏の兄弟がボール盤や旋盤を製造・販売するため、大阪市で創業した。修作氏、七三郎氏はともに岡山県玉島町（現岡山県倉敷市）の出身で、33年には玉島工場を新設。郷里での事業を本格的に始めた。第2次大戦中の44

写真1　同社の代表的な複合加工機 TMX-2000S

年、本社を玉島工場に移転、同時に株式会社へ改組した。戦後の混乱が明け、50年に工作機械の生産を再開。「旋盤の滝澤鉄工所」として、その後、躍進していくことになる。62年に大阪証券取引所第2部へ株式を上場し、その翌年の63年は東京証券取引所第2部に上場を果たした。事業面でも米国向け輸出を本格的に開始したほか、64年に現在の本社工場がある岡山県吉備町（現岡山市北区）に岡山工場を新設。66年には本社機能も移し、同社の主力事業所となった。

◉NC装置付き旋盤で成長

70年代は日本の工作機械メーカーが大きく飛躍した時代だった。要因の1つが工作機械の数値制御（NC）化だ。従来、旋盤をはじめとする工作機械は、操作するには熟練の技術が必要だった。しかし、工作機械を数値制御するNCの登場で状況は一変する。同社もファナックからNCの提供を受け、68年にNC装置付き旋盤の生産を開始した。富士通でNCを事業化し、その後、ファナックの創業者となる故・稲葉清右衛門氏の提案を受け、製品開発を始めたという。これが後に「大ヒットした旋盤シリーズ『TC』『TT』の製品化にもつながった」（原田一八社長）。

写真２　大阪天王寺公園で行われた大阪産業博に出品した（1925 年）

約40年前に発売したTCシリーズは従来、機械の横に配置していたNCを機械の上部に配置、省スペース化を図った。TCシリーズは工場内スペースの有効活用につながると好評で、受注は予想以上に伸びた。その後、主軸が2つあるTTシリーズも追加。現在でもTCシリーズとTTシリーズは主力製品の一角を占める。

さらに、原田社長は「カスタマイズできるのが当社の強み」と語る。旋盤で加工する代表例は自動車部品。ただ、自動車部品とひと口にいっても形状や素材が異なる。さらに材料供給・排出を自動化したいというニーズもある。そこで顧客の要望を聞き、装置の改良やワークの供給装置などを付加するカスタマイズを約40年間手がけてきた。この間にノウハウを蓄積。顧客の課題解決の引き出しも幅広く、様々な提案が可能だ。

また、同社の事業戦略の特徴として早い時期の海外進出がある。71年に旋盤の生産と販売を目的とし、台湾に台湾瀧澤機械股フン有限公司（現台湾瀧澤科技股フン有限公司）を設立した。台湾を選んだのは「旋盤の製造に欠かせない鋳物部品『ベッド』の調達が可能なため」（原田社長）と説明する。その後も販売会社を中心に米国や中国などに設立し、グローバル展開を進めた。

写真3　岡山県「企業との協働の森づくり事業」に参画し、少花粉スギ・ヒノキの植栽などSDGsへの取り組みにも熱心

◉顧客の声を開発に生かす

２０２０年3月期連結売上高の地域別内訳は、国内向けと海外向けがほぼ半々。ただ、滝澤鉄工所単体ベースでは国内7対海外3となる。原田一八社長は「5年後には5対5にしたい」と強調する。そのためにはＮＣ旋盤など大量生産品加工向けの製品に加え、複雑形状の加工ができる複合加工機も販売を強化していく方針だ。

同社は22年に創業１００周年を迎える。この節目を前に社内改革を推進している。設計・購買・製造部門から改革を行っており、続いて営業部門にも着手する。営業では商社や代理店にＰＲを活動して商談を待つ従来のスタイルに加え、できる限り多くの顧客に直接訪問する。これにより顧客ニーズなど広く情報を集め製品開発に生かすとともに、商談件数を増やすことで営業目標の安定的な達成を目指す。原田社長は「多くの顧客の声を聞きたい」と期待を込める。社員の働き方改革も進んでいる。有給休暇取得率は19年度の実績が79％。14年度から25ポイント上昇したこともあり、「健康経営優良法人（ホワイト５００）」の認定を2年連続で受けた。ＳＤＧｓでは環境負荷の低減や地域社会への貢献などへの取り組みを広げた。今後、ＤＸも強化する方針で、次の１００年に向けた様々なプロジェクトが動き出している。

Profile

原田一八 *Harada Kazuhiro*

1983年滝澤鉄工所入社。技術部門や管理部門を経て、2008年執行役員管理部長、2010年取締役管理部長、2011年常務製造部門・管理部門担当、2012年代表取締役社長就任。岡山大学工学部出身のエンジニア。週末はテニスで汗を流す。

会社DATA

株式会社滝澤鉄工所
〒701-0164
岡山市北区撫川983

創業
1922年

事業概要
旋盤や複合加工機などの製造

URL
https://www.takisawa.co.jp/

044

ふりかけの美味しさを追求する老舗

たゆまぬ挑戦が伝統をつくる

田中食品株式会社

創業 1901 年

代表取締役社長
田中　茂樹 氏

田中食品は、２０２１年に創業１２０周年を迎える。ふりかけの元祖「旅行の友」で知られる老舗だ。創業は田中社長の祖父である田中保太郎氏が広島県呉市で創業した田中商店で、漬物、つくだ煮、味噌の製造から始まった。大正時代に、旧日本陸軍および海軍から、持ち運びが容易で日持ちする商品の要請を受け、１９１６年に生み出したのが「旅行の友」だった。そのほかにも瓶詰めや、みそ汁の缶詰を考案するなど生活に密着した保存食品を開発してきた歴史がある。

開発当時の「旅行の友」は、瀬戸内でとれた小魚の魚粉と、あおさ、ごまを原材料にしてしょうゆで味付けしたものだった。持ち運

写真１　「栄養価の高いものをいつでもおいしく」の思いから生まれた 旅行の友

びが便利で、魚粉を使っているため栄養価が高く、発売当初から人気があったという。ふりかけ開発の背景について、田中社長は「子ども、親族が戦地に行き、食べ物に困らないように、栄養価の高いものを、いつでもおいしく食べてほしいと親心が生んだ商品」という。

◉定番と時代に合わせた新商品

定番商品以外にも時代のニーズに合わせた様々な味のふりかけを開発しており、毎年、春と秋には新商品を発表する。商品は約260アイテムに上る。多品種少量生産になり、原材料や機械も増えている。「商品は情熱を持って開発、営業しなければいけない。お客さまの声を聞きながら、みなで知恵を出して、一生懸命に売れる商品に仕上げていったのが『旅行の友』」と田中社長は話す。

ふりかけの原料となる、魚、野菜、ごまなどの原材料を調達し、自社で加工することにこだわりがある。かつてはわかめ養殖にも関わり、硬いわかめを柔らかくするといった加工技術も持っている。「同じわかめを食べても、硬い、柔らかい、色が悪いなどクレームが出る。クレームがあった際には問題をつぶしていくことが大事。お客さまの声、問題点がある以上はどんどん改良する。売れてるか

写真２　顧客の要望に応じて様々なアイテムを用意

ら、これぐらいでいい思うと、そこに隙が生まれる」と田中社長は気を引き締める。

例えば、魚粉は魚の脂が酸化して発生する匂いが出ない処理をしてから作製している。魚だから魚の匂いは仕方がないとは考えなかった。同時に魚粉は味付けしても硬く固まらない技術を開発し、サクサクと食べられるようにした。さらに「定番のふりかけは、食べておいしいだけでなく、毎日食べても飽きない商品でないと市場では飽きられる」といい、商品に求められる質は高い。

田中社長は1974年に田中食品に入社した。当時、広島市内では区画整理があった。工場が住宅地の中にあったため、移転することになり、79年に東広島市に工場を新設した。機械がすべて新しく入れ替わった。本来、より良い商品ができなければならないが、同じ材料を入れてうまく加工できず、従来の商品すらできないことも起こった。専門家を訪ねて原因を考え、改善策を練り装置開発も行ったが、こうした活動の繰り返しが生産技術やノウハウの蓄積につながっている。

◉「最高級のふりかけづくり」を目指す

父で先代社長だった田中耕輔氏は厳しく、田中社長の新規の取り組みに

写真3　ふりかけの老舗 田中食品の広島工場

は反対されることも多かったというが、「ライバルは関係ない。いい商品をつくったら売れる。お客さまの喜ぶことをして初めて報酬をもらう」と田中社長が話す事業姿勢は、特にいわれたわけではないが自然と受け継いでいる。

「常に新しいことに挑戦するのが老舗だ。止まっていては駄目だ」と、田中社長は老舗が継続するためのあり方を説明する。最近ではシート状の食品を開発し特許を取得している。鮭や鯖などの魚、葉物、根菜などの野菜や抹茶、きなこ、ニンニク、ショウガ、唐辛子など様々な食品をシートにでき１５０種類ほどを開発している。２０２０年4月には、宮島口フェリー乗り場に新設された商業施設「ｅｔｔｏ」（広島県廿日市市）の1階に同社初の直営店「旅行の友本舗」を開設。鮭のシートを巻いたおにぎりのほか、旅行の友本舗限定のオリジナルグッズなどを販売している。田中社長は「わが社の技術を集中し、我々の理想のふりかけをつくる。考えられる最高級のふりかけづくりに挑戦しないと我々の存在価値がなくなる」。さらに「業界で生き残ろうと思ったら誰もやったことがない、思いついたことを、最後までやりとげないといけない」と続ける。ふりかけの老舗メーカーとして、新たに取り組みたいことはまだ無数にある。伝統ある老舗だからこそ未踏領域への挑戦は続く。

Profile

田中茂樹 *Tanaka Shigeki*

1974年、大学卒業後、田中食品入社。92年に社長就任。

会社DATA

田中食品株式会社

〒733-0032

広島県広島市西区東観音町3－22

創業

1901年

事業概要

ふりかけを中心とした加工食品の製造・販売

URL

https://www.tanaka-foods.co.jp/

045

コンクリート製品を通じ社会課題に対応

土木から建築分野を開拓

株式会社ナガ・ツキ

創業 1968 年

代表取締役社長
長谷川　晴信 氏

ナガ・ツキは、道路の側溝、境界ブロック、ボックスカルバートなど、コンクリート二次製品（プレキャストコンクリート製品）を手がける。2018年に創業50周年を迎えた。コンクリート二次製品は、規格品や現場の仕様に応じた製品をあらかじめ工場で生産し、現場に運びこんで施工する。工期短縮、現場施工の省力化につながるだけでなく、社会問題となっている人手不足の軽減にも役立つ。

◉在庫確保と現場に応じた生産

広島県内に3工場、島根県に1工場を持つ。主力の豊平工場（広島県北広島町）は約10万㎡の広さがあり、県内のコンクリート二次

写真1　規格品、特注品を含めコンクリート二次製品は多くの在庫をそろえている

製品の工場ではトップクラスの規模を誇る。長谷川社長は「規格品だけでなく、役物（やくもの）という特注品を含めて、あまり発注がないサイズの製品も含め在庫は十分に持つようにしている」と話す。寸法が基本形とは違う製品でも、現場に応じてセミオーダーのように生産する。専属の型枠メーカーとの取引もあり、レスポンスも早く、良心的な価格で提供している。

また、販売ルートを広げるため「特注コンクリート二次製品.ｃｏｍ」という専用サイトも立ち上げている。問い合わせも増えており、いままでにない東北、関西、九州地方など遠方からの受注につながっている。次の展開は建築分野への進出だ。コンクリート製品製造で培った技術、ノウハウを生かし、コンクリート雑貨や建築部材への参入を検討中だ。一般消費者向けには傘立てやテープカッター、ペン立てなどの販売を考えている。ネックであったコンクリート表面に現れる粉を配合を工夫することによって抑えた。

建築では基礎、マンションの鉄筋コンクリート造の部材も取り込む。コンクリート製の流し台、内装、店舗の什器、外壁の飾りなどを特注で手がけ事業化する。最近では、河川の土手、公園の入り口などに設置する階段ブロックの問い合わせも多い。こうしたニッチ

写真２　最近では河川の法面などに設置する環境保全ブロックの需要も多い

な製品を深掘りしてネットで全国に販売したいという。

同社は1968年に現会長で父である長谷川行信氏が創業。長男の晴信氏は96年に入社し、2006年に社長に就任した。「しばらくは雇われ社長だった」と話すように、会長のもと、社長による新たな取り組みは、なかなか実行できなかった。ただし長谷川社長が「社内でも大反対ばかりだった」という、広島県コンクリート製品協同組合の設立は押し通した。13年1月に、同業5社と同組合を設立し理事長に就任した。現在は7社に増えている。

組合設立は価格競争が続き、同業者間で価格を下げ合う状況が続き、各社にとって良くない状況を改善するためだった。同社はコンクリート二次製品を量産してコストを削減し、他社より低価格にして受注するのがスタイルだった。価格が上がると製品が売れにくくなるという懸念があり、それが社内の組合設立反対の理由だった。

組合では側溝、U字溝などのJIS規格品を組合製品とし、組合経由で製品代金を請求するようになり価格を下げての受注はできなくなった。適正な価格で販売すると、利益も以前より上がるようになり、社内の組合に対する考え方も肯定的に変わった。現在では全社売上高の約15％が組合経由になっている。

写真3　社員教育を重視し、社内勉強会を頻繁に実施している

◉厳しくも、あたたかい会社に

長谷川社長が重視するのは社員の教育だ。毎週半日は、営業社員の勉強会にあてるほか、毎月2～3回は全社勉強会を実施する。社長や役員のほか社員も発表者として、技術であればコンクリートに関連した話を、営業であれば工場、管理などが、それぞれの立場で話をする。環境整備も教育の一環として、毎朝の朝礼後に職場の掃除をする。20年には新卒者も入社した。会社の成長とともに、社員も一緒に成長して欲しいと願っている。「能力がないのは恥ではない。やる気がないのが恥だ。本人が努力する限りは徹底してフォローする。厳しいけれど、あたたかい会社を目指している」という。

近年はM＆A（合併・買収）も行い、美郷工場（島根県美郷町）と本郷工場（広島県三原市）は、M＆Aで同社に取り込んだ。今後は他県にあるコンクリート製品製造の工場、建設会社や建材商社などの買収も検討する。企業規模はこれから数年で現状の売上高20億円から50億円規模に数年で拡大させる。社員数も現状比2倍の180人ほどに増える見通しで、将来は分社化を進め、20人ほどを社長にと考える。若いうちに子会社の経営を任せ、挑戦や失敗、収益の向上など経験を積ませる。経営幹部を育てて、企業規模の拡大・成長に備える考えだ。

Profile

長谷川晴信 *Hasegawa Harunobu*

1990年大学卒業後、建設会社、不動産会社勤務を経て、1996年ナガ・ツキ入社。2006年に社長就任。2013年1月には同業5社と広島県コンクリート製品協同組合を設立、理事長に就任した。

会社DATA

株式会社ナガ・ツキ
〒730-0823
広島県広島市中区吉島西1-21-1

創業
1968年

事業概要
コンクリート二次製品の企画、製造、販売、建設資材一式の販売

URL
https://www.nagatsuki.co.jp

046

防火耐火扉を中心に、社会へ貢献

開発主導型企業としてニッチな市場をリード

日本フネン株式会社

設立 1974 年

代表取締役社長
久米　徳男 氏

日本フネンは、住宅などの建築部材である鋼製ドア製品や、内外壁などに利用される窯業製品、環境に配慮したLED製品の製造販売を手がけている。「安全〈Ｓｅｃｕｒｉｔｙ〉と快適〈Ａｍｅｎｉｔｙ〉を提供し、社会と共に豊かに！」を企業理念として、社会貢献のため、これまで様々な製品を世に送り出してきた。

◉社内ベンチャー企業として成立

「先発企業の〈モノマネ〉はしないことを前提に、自らを開発主導型企業と位置づけ、独自に取り組む製品開発」を掲げる日本フネンだが、その成り立ちもユニークだ。１９７２年に布川製作所（徳

写真１　関東統括支店にある東京ショールーム

島市）・冨士ファニチア（徳島県板野町）・ニホンフラッシュ（同小松島市）と日本油脂（現ニチユ）で、立ち上がった1つの共同プロジェクトから話は始まる。高度経済成長時代を迎え、大都市部を中心に多くの高層ビルが建設され、建物は高密度化へと移り変わった。その流れで求められたのが不燃・防火・耐火の機能を持つ建築部材だ。そこで、「火山堆積物」という特異材料を用いた建築部材に注目し、そのプロジェクトを経て74年に設立されたのが日本フネン。

「ジョイントベンチャー企業の走りだった」と思い返すのは、プロジェクトメンバーの一員でもあった現在社長の久米徳男氏である。

久米社長は、県内の工業高校を卒業後、県外で就職し、冨士ファニチアに電気主任技術者の腕を買われ入社した。そこからメンバーになり、現在に至る。「最初の3年はとにかく苦労した」と振り返る。建築部材としての精度は高かったが、納入実績がないため思うように採用されなかったからだ。そこで始めたのが意匠性・耐熱性・遮音性の機能を持つ防火扉の開発。つまりメーカーとしての展開だ。これが中高級マンション向けに売れ出した。

さらに大手デベロッパーを対象として営業攻勢をしかけた。「大手企業への採用実績が一番のPRと考え、多くの方に助けていただ

写真2　徳島県吉野川市の本社事務所

き、ある大手デベロッパーと成約できた」。これを契機に受注は増え、会社は上昇気流に乗った。

現在の日本フネンの主力はドア製品事業。防火玄関ドアは、新築分譲マンションでのシェアは業界で50％を占めている。最近では、高層マンション玄関ドアに求められる、高度な性能、機能をさらに付加した防火ドアを開発するなど時代の要求に対応した製品を多く生み出している。窯業製品では、内外壁材に使用される耐アルカリ硝子繊維補強セメント（ＧＲＣ）製品として供給しており、成形や造形に優れた材料で、かつ軽量・高耐久性、不燃性といった特徴から全国各地にある意匠性の高い建築物に使用されている。ＬＥＤ製品では、歩行者用信号機の電球や視覚弱者が識別しやすいように工夫したＬＥＤ照明識別押しボタンなどを製造し、地元をはじめ多くの道路で使用され、地域貢献事業の１つとなった。

◉現場一筋から経営者へ、全従業員がありたい姿へを

久米社長は「新しもの好きの現場人間」と自認する。これまで多くの製品を開発してきた。１９９０年、51歳で専務であった久米氏に、初代社長から社長就任の打診を受ける。「自分としては驚いた」

写真３　本社工場から鋼製ドア製品が全国各地に供給されている

と最初は戸惑ったが、時はバブル経済の直前で変革期。新しい考え方が必要という先代の意向を汲み、社長就任を決意した。ほどなくバブル経済に突入し、会社も波に乗ったことで売上も好調だったが、バブル崩壊後、売上にも陰りが見え始め、ジリ貧が続いた。そこで、久米社長が取り入れたのが「アメーバ経営」だ。各社員の自覚を促し責任を持たせる。導入当初は抵抗はあったが現場から意識改革を行い、浸透し出し、会社は再び進み出した。

日本フネンが現在、取り入れているのは「共感経営」という意識の定着。「お客さまから信頼される商品・サービスを提供できることを社員のありたい姿と位置づけている」と説明する久米社長は、その定着に向け〝ありたい姿〟の実現を全社員に求めている。また、『健康経営宣言』を行い独自な取り組みを展開している。これは「バラエティーに富んだ従業員が明るい職場で全員がお客さまの方向を向き、熱意と努力を発揮して取り組む姿勢を『健康』と定義。従業員と家族の健康づくりを推進し、事業活動を通じ社会に貢献していく」というものである。「日本フネンがおもしろいことをしている会社と知ってほしい。ステークホルダーに好意を持ってもらうことが大事。それが地域雇用につながり最大の地域貢献になる」。久米社長はこう続ける。今後も、企業価値を高めるべく、高付加価値化とコアビジネスの拡大、海外拠点の充実、自社ブランドの向上などをテーマとし、長寿企業に向かって日本フネンは歩み続ける。

Profile

久米徳男 *Kume Tokuo*

1939年1月13日生。徳島県名西郡石井町出身。1957年3月、徳島県立徳島東工業高校（現徳島科学技術高校）電気科卒。同4月、日布毛織に入社。その後、冨士ファニチアを経て、1974年1月、日本フネン入社。1978年6月に取締役工場長、1990年6月に代表取締役社長に就任し、現在に至る。2005年6月、徳島新聞賞（産業賞）徳島県知事表彰、2018年4月、旭日双光章受賞。

会社DATA

日本フネン株式会社
〒779-3394
徳島県吉野川市川島町三ツ島新田179-1

設立
1974年1月31日

事業概要
ドア、窯業、環境製品製造

URL
https://nihonfunen.co.jp/

047

精密歯車と減速機のエキスパート

「100年企業」が目前に、若い発想で革新進める

株式会社明和工作所

創業1925年

代表取締役社長
菊田　九氏

明和工作所が主力とするのは各種の歯車と減速機の設計・製造およびオーバーホール。創業は1925年で、「100年企業」への仲間入りが視野に入ってきた老舗企業だ。手がける歯車や減速機は、工場で動く産業機械やプラントなどの駆動部に使われることが多い。日本の製造業を支えてきた、縁の下の力持ちのような存在だといえる。

創業者の菊田九之助は大阪出身。大阪の鋳物大手、久保田鉄工所（現クボタ）で技能を磨いたエンジニアだった。病気療養のために岡山県の笠岡に滞在するうちに隣町、広島県福山市の鋳造業者と縁ができ、「菊田木型所」を創業した。

写真1　菊田木型所創業者の菊田九之助氏（写真左）

写真2　自社製作の歯切り盤。戦後の一時期、工作機械も手がけていた

◉木型から歯車へ、オーバーホールで経営安定化

木型は鋳物をつくるのに不可欠な砂型の成形に使う、いわばモノづくりの大本となる型。九之助は舶用機器や農機具、各種産業機械などの木型を地元鋳造業者に供給し、後継技能者の育成にも力を注いだという。戦後は民需への道を探る中で歯車に進出。当時歯車は鋳造でつくることが多く、その木型を手がけていたことから歯車の知識もあった。造船や産業機械、鉄鋼業などと取引を広げ、1973年には現在本社を構える福山市千田町の福山鉄工センターに移転。87年には恒温工場を完成させ、歯車研削盤や検査装置を配備し、需要が伸びていた精密歯車分野への参入を果たした。

ここ10年来、力を入れているのがオーバーホールだ。工場などで長年使われてきた減速機を受け取って分解し、クリーニング。壊れた部品を修理し、新品同様に動く状態にして再び客先に納める。ほかのメーカーが製造した減速機にも対応し、図面のなくなった古い減速機も、計測して図面や部品をつくる。この事業のために設計部門も充実を図ってきた。「汚れた古い減速機を触るのできれいな仕事ではないが、おかげで北海道や東北といった遠方からも依頼が来

写真3　歯車減速機の内部。オーバーホールも重要な事業に

るようになった」と菊田九社長。いまでは売上高の半分をオーバーホール事業が占め、一定の需要が見込めるためコロナ禍の中にあっても同社の業績の落ち込みは少ない。

菊田九社長は2018年3月に就任。創業者の孫に当たり、1982年生まれで就任当時35歳と若い社長だ。創業100年の節目を乗り越え、さらに新しい歴史をつくっていく使命を託された。「社員が楽しんで仕事のできる会社にしたい。その方が社内も活性化し、会社の維持存続につながるはずだ」と話す。

◉信用第一、従業員を大事に

こうした従業員本位の姿勢は、父親で先代社長の菊田晴中相談役から引き継いだともいえる。晴中相談役が社長に就いたのも若く、1981年9月、38歳の時だった。その年4月に社長に就いたばかりだった兄の故菊田吉宏社長が8月に急逝。急きょその後を継ぐことになったのだ。続く11月には、創業者で父親の菊田九之助さんも逝去。晴中社長は若くして思わぬかたちで会社を率いる立場に立たされた。

「社長に就いたとき自分より若い人は社内に2人しかいなかった。

写真4　福山市千田町にある本社工場

若い社員を入れないと会社が続かないと思った」と晴中相談役は振り返る。しかし、若い社員は入っては辞めを繰り返し、定着するようになるまで10年かかったという。晴中相談役はこの間、魅力的な職場づくりに力を入れてきた。当時まだ珍しかった海外への社員旅行を企画。台湾や香港を皮切りに、フランスやアメリカと、これまで10回は海外旅行に出かけた。「明和会」と名づけた従業員の親睦組織は、設立して20年以上になる。社員から毎月一定額を徴収し、会社も補助して2カ月に一度、親睦の催しを開く。飲み会であったり釣りやゴルフであったり。努力の結果、新入社員の定着率が向上。いまでは社員の平均年齢は40歳前後、半数が20代、30代と若い会社へと生まれ変わった。

晴中相談役は「これまでつぶれずに続いてこれた理由は、社是にあると思う」と打ち明ける。創業者の菊田九之助自ら考えたという社是は「明和は、信用のできる会社だと思ってもらえるように努力しています。」というもの。平易な言葉遣いながら、信用第一の素直な心が伝わってくる。いまも毎週月曜日、社員で唱和しているという。

また、菊田九社長は今後の目標をこう話してくれた。「いまのお客さんにこだわらず、B2C分野も手がけていきたい。もっと社員が働きがいのある会社、社員が家族に、こういうことをつくっていると伝わる会社にしたい」。

Profile

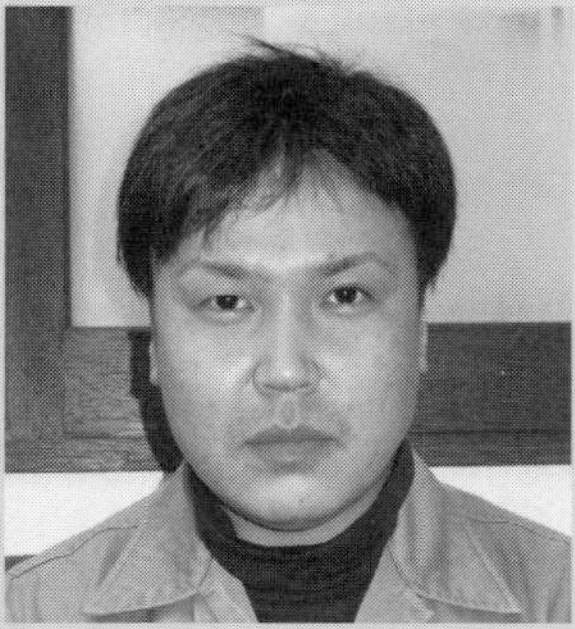

菊田九 *Kikuta Kyu*

2000年黎明高（現岡山龍谷高）卒、鉄鋼関連企業2社での勤務を経て2011年明和工作所入社、15年常務、18年社長。創業者である菊田九之助の孫、先代社長である菊田晴中相談役の長男に当たり、同社にとっては4代目の社長となる。広島県出身、1982年3月生まれ。趣味はゴルフ。

会社DATA

株式会社明和工作所
〒720-0017
広島県福山市千田町4-14-12

創業
1925年4月

事業概要
精密機械加工と組立、および精密歯車、減速機、環境機器の設計と製作、販売、オーバーホール

URL
http://www.kk-miw.com

関西・中国・四国で愛されている長寿企業 2021
社会と経済の発展に貢献してきた秘密に迫る

NDC335

2021年4月10日　初版1刷発行

（定価はカバーに表示されております。）

編　者　日刊工業新聞特別取材班
発行者　井　水　治　博
発行所　日　刊　工　業　新　聞　社

〒103-8548　東京都中央区日本橋小網町14-1
電　話　書籍編集部　03-5644-7490
販売・管理部　03-5644-7410
FAX　03-5644-7400
振替口座　00190-2-186076
URL　https://pub.nikkan.co.jp/
e-mail　info@media.nikkan.co.jp

印刷／製本　新日本印刷（株）

落丁・乱丁本はお取り替えいたします。　2021 Printed in Japan

ISBN 978-4-526-08134-7　C3034